KB194314

동아시아미래가치연구소
생명학 CLASS 01

인간 국가 인공생명

인간 국가 인공생명

동 아 시 아
미래가치연구소
생명학 CLASS
01

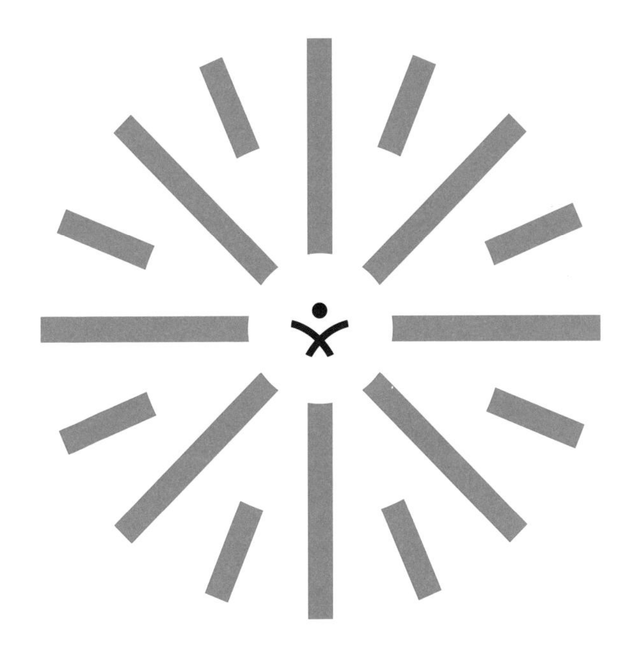

윤비
지음

성균관대학교
출 판 부

기획의 말

오늘날 우리는 '생명'이라는 단어를 자연스럽게 사용하지만, 그 의미를 깊이 성찰할 기회는 많지 않습니다. 근대 과학과 서구적 사유 속에서 정립된 '생명' 개념은 우리 삶에 깊숙이 스며들었지만, 동시에 인간과 자연, 기계와 생명의 경계를 엄격히 구분하는 이분법적 사고를 만들어 냈습니다.

그러나 21세기 들어 기후 위기, 인구 구조의 변화, 첨단 기술의 발전, 인공지능(AI)의 등장과 같은 거대한 전환을 맞이하면서, 기존의 생명관은 더 이상 충분한 설명력이 없음을 드러내고 있습니다. 이제 우리는 다시금 묻습니다.

'생명이란 무엇인가?'
'우리는 생명을 어떻게 이해하고, 어떤 가치를 부여해야 하는가?'
'생명과 생명을 잇는 관계 속에서 돌봄과 책임은 어떤 의미를 가지는가?'
'기술 발전과 함께 생명윤리는 어떻게 변화해야 하는가?'

동아시아미래가치연구소의 "생명학 CLASS" 시리즈는 이러한 질문에 답하고자 기획되었습니다. 본 연구소는 동아시아적 전통 속에서 생명 개념을 탐구하고, 현대 과학기술 및 인문학적 사유를 융합하여 생명의 의미를 재구성하는 시도를 이어가고자 합니다.

본 시리즈 강연록은 다양한 학문 분야의 연구자들이 주축이 되어 학술적, 사회문화적 관점에서 생명을 해석하고, 현대 사회가 직면한 생명 관련 난제들을 조망하는 내용으로 구성됩니다. 특히, 현 사회에서 더욱 중요해지고 있는 '돌봄(care)'과 '생명윤리(bioethics)'의 가치에 주목하며, 생명과 생명 사이의 관계성을 조명합니다.

오늘날 의료 기술의 발전과 유전자 조작, AI와 로봇 기술의 도입, 기후 변화 속에서의 생명 유지 문제는 새로운 윤리적 화두를 던지고 있습니다. 이에 인간 중심의 생명관을 넘어, 모든 생명체와 생태계가 조화를 이루며 공존할 수 있는 방향으로 생명윤리를 재정립할 필요가 있습니다. 돌봄은 단순한 보살핌을 넘어, 인간과 자연, 기술과 사회가 함께 살아가는 방식에 대한 근본적인 성찰이며, 그 안에서 우리는 생명 존중의 실천적 의미를 찾아야 합니다.

이 시리즈를 통해 우리는 근대적 생명관의 한계를 넘어, '돌봄'과 '생명윤리'를 중심으로 자연과 인간, 기술과 생명의 새로운 관계를 모색하고자 합니다. 생명에 대한 철학적, 윤리적, 사회적 논의를 확장함으로써, 보다 지속 가능하고 공생적인 미래를 설계하는 데 기여할 수 있기를 바랍니다.

동아시아의 사유 속에서 생명의 본질, 돌봄의 의미,

그리고 생명윤리의 방향을 다시 묻는 이 여정에 독자 여러분을 초대합니다.

동아시아미래가치연구소

박이진

차례

2024년 10월 11일 금요일 오후 2시

- **강연자**: 윤비(성균관대학교 정치외교학과 교수)
- **사회자**: 손성준(성균관대학교 동아시아학술원 교수)
- **강연제목**: 인간 국가 인공생명

사회자

네, 정각 2시가 되었습니다. 안녕하세요.

2024년 동아시아미래가치연구소 "생명학 CLASS"에 오신 여러분들을 환영합니다. 저는 오늘 두 번째 특강 사회를 맡은 성균관대 동아시아학술원에 재직 중인 손성준이라고 합니다. 인사드리겠습니다.

"생명학 CLASS"는 동아시아학술원 동아시아미래가치연구소와 인문한국플러스 연구소가 함께 주최하는 행사입니다. 동아시아학술원에서는 2023년 12월 동아시아미래가치연구소 설립을 계기로 생명학을 새로운 미래 아젠다(Agenda)로 설정하고 다양한 연구 활동을 진행하고 있습니다. 특히 "생명학 CLASS"는 성균관대 소속의 석학들을 모시고 다양한 학문적 관점에서 바라보는 생명학을 청해 듣는 연속 특강의 방식으로 기획되었습니다. 오늘은 그 두 번째 순서입니다.

오늘 강연을 맡아주신 윤비 교수님을 소개해 드리겠습니다. 윤비 교수님은 성균관대 정치외교학과 소속 교수로서 고중세 및 르네상스 지성사를 중심으로 정치사상과 이론을 연구 분야로 삼고 계십니다. 작년에는 세계적 석학들만 선정되는 독일 베를린 고등연구원의 펠로우로 선임되기도 하셨습니다. 최근에는 고대 그리스부터 21세기 동아시아에 이르기까지 민주주의의 발전에 대한 새로운 연구를 수행하고 계십니다. 준비해 주신 오늘 강연의 제목은 '인간 국가 인공생명'입니다. 참석하신 모든 분들이 강연을 통해 많은 혜안을 얻으시길 바랍니다. 그러면 박수로 교수님의 강연을 청해서 듣도록 하겠습니다.

인간 국가 인공생명

1. 들어가며

윤비 교수님

감사합니다. 방금 소개받은 성균관대학교 정치외교학과 윤비입니다. 저는 박사학위를 독일에서 받았습니다. 그리고 독일에서 정치학과와 역사학과, 양쪽에서 강의를 해왔습니다. 제가 이 말씀을 미리 드린 이유는 학자로서 처음부터 역사와 철학적인 관점에서 접근하도록 훈련을 받았다는 걸 알려드리기 위해서입니다. 오늘 제가 여러분께 말씀드릴 수 있는 내용 역시 '역사와 철학 쪽에서 훈련을 받은 학자들은 오늘날 현실의 문제를 어떻게 바라볼 수 있을까' 하는 이러한 면에서, 저는 제 발표가 조금은 흥미로운 사례가 될지 모른다는 기대가 있습니다. 그러나 동시에 지금 제가 말씀드린 주제에 대해서 어떤 확실한 해결책을 내놓을 수 있을까 하는 고민이 되기도 합니다. '확실한 해결책', 이 부분은 다른 분야를 연구한 학자들에게도 불가능하겠지만 특히나 저에게는 기대하시면 안 됩니다.

오늘 제가 다루게 될 문제 주제는 '인간 국가 인공생명'이라는 주제입니다. '인공생명' 하면 우리는 보통 요즘 포스트휴먼(Post-human)이라는 주제를 많이 떠올리죠. 다시 말해서 인간이 아니라 인조적으로 창조된 생명체, 예를 들면 로봇일 수도 있고요. 아니면, 일종의 유기물질을 합성해서 만들어지는, 그야말로 공상과학 소설에 나오는 그런 인공적인 생명체일 수도 있겠죠. 오늘 제가 말씀드리는 인공생명은 그런 인공생명은 아닙니다. 이번 강의에서 다룰 인공생명은 요즘 사람들이 많이 이야기하는 '인공지능'에 관한 것입니다. 왜 인공지능을 인공생명이라고 부르게 되는가에 대해서는 차츰차츰 제가 설명할 기회가 있을 것입니다.

인공지능, 이것 때문에 아주 머리가 아픕니다. 제가 작년에 독일에 1년 동안 있으면서 세계에서 온 여러 학자들과 만났는데 아시아의 학교들은 물론이고, 하버드와 예일, 프린스턴 등 유수의 미국 학교에서도 전부 머리를 썩이고 있는 문제가 바로 이 인공지능 문제입니다. 여러분, 메타버스(Metaverse)라는 말을 이전부터 종종 들어보셨을 텐데요. 메타버스가 처음 나왔을 때, 저는 사실 그 중요성에 대해 좀 회의적이었어요. '이건 다소 과장된 부분이 많아~'라고 말이지요. 그리고 실제로 메타버스에 대한 관심과 열기는 지금은 거의 식어버렸죠. 요즘은 메타버스에 대한 얘기가 거의 없습니다.

그런데 제가 생각할 때, 그리고 많은 학자들도 동의하는데요, 이 인공지능에 대한 관심은 시쳇말로 '찐'인 것 같아요. 앞으로도 사람들이 이 문제를 갖고 굉장히 오랫동안 고민을 하게 될 것 같아요. 당장 저희 같은 교수들은 학교에서 학생을 가르치면서 문제에 부딪힙니다. 학생들이 레포트를 냈는데 이게 인공지능으로 쓴 건지 챗지피티로 쓴 건지 아니면 학생들이 스스로 생각해 쓴 건지 알 수가 없어요.

인공지능은 일선에서 가르치는 학자들에게도 심각한 문제겠지만 사회적으로도 여러 가지 문제를 양산한다고 하지요. 인공지능이 발전하면서 이를 이용해 딥페이크(Deepfake) 같은 기술을 오용하거나 남용하는 사람들도 많이 등장하고요. 또 인공지능으로 인해 많은 사람들이 일자리를 잃어버리게 될 것이라고 이야기합니다.

인공지능! 그야말로 큰 논란거리입니다. 우리는 인공지능 기술을 두고 한편으로는 신기하게 생각하고, 또 한편으로는 공포심을 느낍니다. '뭐 이런 게 다 있지?'라고 놀라다가도 '이러다가 내 미래가 어떻게 되는 거야?'라고 불안해하는 것이죠. 학자들도 예외가 아닙니다. 인공지능이 발달하면서 학자들은 전문가로서 자신들의 지위가 위태로워진다고 느낍니다. 때로는 인공지능에 너무 의존하게 되는 것은 아닐까, 인공지능이 작업의 질에서도 나를 능가하지는 않을까 우려하지요. 저 역시도 몇 달 전 학자들과 함께한 자리에서 '내가 퇴임까지 8년 반 남았는데, 오히려

다행이다, 다행! 저 인공지능이 어느 수준까지 더 발전해 나갈지 모르는데, 만일 그때가 되면 우리 같은 사람들이 설 자리나 있을까?'라고 말한 적이 있습니다.

저는 이제부터 이 말 많고 탈 많은 인공지능이라는 문제를 조금 더 역사적이고 인류학적인 관점, 문화적인 관점에서 한번 들여다보려고 합니다. 아울러, 그 문제들에 대해서 우리가 뭘 어떻게 할 수 있을까? 그 점도 한번 생각해 보려고 해요.

저는 오늘 이 강의실에 들어오기 전까지, 이렇게 많은 분들을 대상으로 강의할 거라고는 생각지도 못했습니다. 그저 학생들과 편하게 대화하는 조그마한 자리라고 생각했기 때문에, 사실상 제가 답을 내야 한다기보다는 학생들과 깊이 고민하고 대화하는 자리를 만들고 싶었거든요. 그런데, 들어와 보니 청중이 많아서 굉장히 당황했습니다. 제가 어젯밤에 꿈을 꿨는데, 꿈속에서 제가 단단히 창피를 당하더군요. 강의 시작 전에 손을 씻으며 '내가 오늘 이런 상황을 만나려고 그 꿈을 꿨나 보다'라는 생각이 들기도 했습니다. 제가 비록 달변도 아니고 모든 분야의 내용을 다 아는 것도 아니지만, '저런 분야에서 공부한 사람은 과연 이런 문제에 대해 어떻게 생각하는가?'를 한번 들어 보는 시간으로 삼아주셨으면 좋겠습니다.

제가 제시하는 질문은 이런 겁니다.

2. 왜 우리는 인공지능의 발달을 두려워하는가?

질문들

- 왜 두려워하는가?
- 무엇을 두려워하는가?
- 두려움을 넘어설 수 있는가?

인공지능! 왜 우리는 인공지능이 두려울까? 구체적으로 뭘 두려워하나? 그리고 그러한 두려움을 어떻게 넘어설 수 있을까? 또는 넘어설 수 없을까? 하는 질문입니다. 이 질문들이 별거 아닌 것 같지만, 저는 아주 중요한 질문이라고 생각해요. 두려움을 갖는다는 건 우리 이성을 마비시키거든요. 정상적인 판단을 어렵게 만드는 거죠. 두려움을 갖게 되면 기가 죽는다고 합니다. 기가 죽으면 사람은 어떻게 행동합니까? 도망가려고 합니다. 아니면 자포자기 심정으로 무작정 덤벼들기도 합니다. 얼토당토않은 판단을 내리기도 합니다. 특히 챗지피티 이후로, 우리에게도 이런 일들이 벌어지고 있는 것 같아요. 어떤 사람들은 '야! 저거 인공지능 별거 아니야'라고 합니다. 실제로 제 친구나 동료들을 만나보면, 저런 말을 하는 분들이 적지 않습니다. 그리고 어떤 분들은 뭐라고까지 말씀하냐 하면요. '잘 모르니까 오히려 너무 지나치게 두려움을 갖는 거야. 저거 별거 아니야!'라고 합니다. 어떤 분은 또 이렇게 이야기하지요. '인공지능, 저게 우리 문명을 다 망가뜨릴 거야. 저 인공지능 때문에 우리 다 망하게 생겼어. 일자리도 다 없어지고 대학은 다 문 닫을 거야!'라고요. 또 어떤 분들은 '인공지능, 목전에 닥쳐왔으니 빨리빨리 정책을 수립해야 해. 그렇게 하지 않으면 우리는 인공지능 기술에서 뒤처지고 결국 사회가 망할 거야!'라고 하십니다.

저는 우선 우리가 과연 뭘 두려워하는지, 왜 두려워하는지를 알아야 한다고 생각해요. 저는 오늘 인공지능이 얼마나 어떻게 발전할 것이고 우리의 삶을 어떻게 변화시킬 것인가를 묻는 대신(사실 이런 질문에 대해서는 제가 여러분보다 더 나은 대답을 드리리라고도 믿지 않습니다.) 인공지능에 대해 우리가 갖는 공포 저 아래에 자리잡은 집단심리의 차원으로 내려가보려 합니다. 왜냐하면 제 생각에는 우리가 인공지능을 두려워하는 것이 이것이 당장 대단한 능력을 갖고 있고 앞으로 더 강력해질 것이라고 생각해서만이 아니기 때문입니다. 저는 인공지능에 대한 우리의 공포 안에는 인류가 역사를 기록한 이래 이제까지 지속되고 있는 어떤 집단심리적인 문제가 있다고 생각합니다. 그것은 인간이 아님에도 마치 인간처럼 느껴지는, 그렇게 행동하는 어떤 것에 대한 공포입니다. 공포의 실체를 마주할 때 그 공포를 벗어날 길도 찾을 수 있습니다.

3. 인간의 허약함과 자연에 대한 공포

시원의 공포

자연

여러분, 이제 지금으로부터 한 5천 년에서 1만 년 전, 역사를 기록하기 이전의 인간들을 한번 생각해 보도록 합시다. 그 당시에 인간들이 느꼈던 공포는 무엇일까요? 흔히 '인류가 처음 이 세상에 등장했을 때, 아주 약했다'라고 이야기하고는 하지요. 한 번쯤 이런 그리스 신화의 에피소드를 들어보셨는지 모르겠어요. '제우스가 세상에 있는 모든 동물들에게 나름의 살아남을 방법을 다 주었다'고 하지요. 사자에게는 날카로운 발톱과 이빨을, 토끼에게는 빨리 뛸 수 있는 방법을, 또 어떤 동물에겐 물속으로 숨을 수 있는 방법을 주기도 했지요. 이처럼 동물들에겐 여러 가지 생존 방법을 줬는데, 인간을 보니 준 게 없었다는 겁니다.

더구나 인간을 가만히 살펴보자니, 지니고 있는 능력이 별로 없어요. 그 다리로는 빨리 뛰지도 못하고, 팔은 힘을 쓰지 못해 이런 걸 가지고는 도저히 살아남을 수가 없다고 생각했다는 거죠. 그때 제우스 밑에 있는 프로메테우스가 제우스에게서 불을 훔쳐다 인간들에게 주었지요. 그 덕에 인간들은 밤에도 환하게 불을 밝힐 수 있으며, 다른 동물들에게 맞서 싸울 수도 있게 되었다는 이야기입니다.

이 이야기에도 나오듯 원래 인간이란 약한 존재입니다. 이 약한 존재에게 그 당시 가장 큰 위협이 됐던 건 당연히 '압도적인 힘'입니다. 압도적으로 강한 힘을 지닌 동물들! 그다음으로는 산불, 화산 폭발 그리고 지진 같은 자연재해가 무서운 위협이었을 겁니다. 이와 더불어 무서웠던 건 질병이었을 겁니다. 또, '굶주림'이란 공포는 인간들의 유전자에 새겨져 있는 것 같아요. 지금도 인류사의 일부는 여전히 이런 문제를 안고 있습니다. 여전히 아프리카 일부 국가에서는 충분한 의료 혜택을 받지 못하고, 충분한 보호를 받지 못하는 상황에서 이러한 자연재해에 그대로 내던져져 있습니다. 그리고 그런 자연재해에 내던져진 사람들을 보게 되면 한편으로는 동정심을 갖게도 되지만, 동시에 인간이 얼마나 약한 존재인지, 특히 사회가 존재하지 않을 때 사회 밖에 내던져진 인간이 얼마나 약한 존재인지를 알게 되죠. 최초부터 인간들은 자연재해 그리고 강한 짐승들, 기타 질병, 굶주림 같은 것에 대해 공포를 안고 살았던 겁니다.

4. 초인에 대한 공포

시원의 공포

모든 왕을 압도할 정도로 거대한 풍모를 지닌 그는

우루크의 영웅이며

사납게 머리 뿔로 받아버리는 황소로

앞쪽에서는 선봉장이며

뒤쪽에서는 동료들을 도와주며 행군한 자다.

강력한 방패막이로 병사들의 보호자다.

홍수기 몰고 오는 격렬한 파도여서

바위로 된 벽조차도 파괴한 존재다.

그런데 인간들에게는 이 외에도 또 하나의 공포가 있었어요. 또 하나의 공포란 무엇인가? 바로 이런 공포입니다. 정상적인 사람은 따라올 수 없을 정도의 능력을 지닌 어떤 인간들에 대한 공포.

자, 누구에 대해 쓴 시인지 아시겠습니까? 혹시 아시는 분, 이 시를 읽어본 분 계시나요? 이 시에서 묘사한 인물은 어떤 전설 속의 영웅인데요, 시 안에 힌트가 있습니다. '우루크'라는 단어가 나오잖아요. 이 '우루크'라는 단어가 바로 힌트예요. 우루크는 먼 옛날 수메르 지역을 가리켜요. 네, 그렇습니다. 이 시는 지금으로부터 4,800년 전, 수메르 지역에서 쓰여진 시입니다. 그곳에 등장하는 어떤 주인공 영웅에 대한 시인 거지요. 그 영웅의 이름은 무엇일까요? 네, 길가메시입니다. 길가메시! 얼마 전, 마블 영화 〈이터널스(The Eternals, 2021)〉에서 길가메시라는 캐릭터가 등장했는데 어마어마한 피지컬을 자랑하는 마동석 배우가 연기했지요. 영화 속 길가메시에 영감을 준 전설 속 길가메시라는 인물은 엄청난 힘을 갖고 있는 사람이죠. 정상적인 인간의 능력을 뛰어넘는 사람이에요. 모든 왕을 압도할 정도의 거대한 풍모를 가지고 있고 황소 같은 힘, 그리고 홍수처럼 거센 존재라고 얘기합니다.

길가메시의 풍모를 아주 구체적으로 묘사한 부분이 있는데, 소개해 보겠습니다. 길가메시는 키가 11큐빗

(cubit), 가슴은 9큐빗, 발은 3큐빗, 다리는 7큐빗. 이게 얼마나 되는 크기인지 가늠이 어려우시지요? 1큐빗은 요즘의 45센티미터 정도에 해당한다고 합니다. 그러니까 키가 11큐빗이면 약 4.95미터, 가슴 넓이가 9큐빗이면 약 4.05미터, 발이 3큐빗이면 약 1.35미터, 그리고 다리가 7큐빗이라 했으니 다리 길이만 약 3.15미터인 셈인데, 정상적인 인간으로 보이지가 않죠. 이런 엄청난 힘의 소유자! 인류의 초기에는 물리적 힘의 소유가 여러 모로 중요했습니다. 가장 단순한 물리적 힘은 육체적 힘이지요. 그런 힘은 밖에 나가 사냥하기 위해서 중요했고, 전쟁하기 위해서도 중요했지요. 때로는 말 안 듣는 사람을 때려잡는 의미에서도 중요했던 것. 이게 바로 '육체적 능력'이잖아요. 육체적 힘, 그런 힘을 소유한 영웅들이 인류의 초창기에 등장한 공동체에서 중요한 역할을 차지했습니다. 그리고 그런 영웅들을 보면 사람들은 두려움을 느꼈습니다.

같은 맥락에서 그들은 자신들의 지도자를 압도적인 피지컬을 지닌 인물로 그리기도 했습니다. 이 그림은 람세스 2세(Ramses II)를 그린 겁니다. 람세스 2세는 지금으로부터

약 3,400년 전에 이집트를 통치했던 파라오입니다. 이 그림은 람세스가 히타이트족(Hittites)을 공격하고 있는 모습인데요. 람세스의 몸 크기와 다른 사람들의 크기를 비교해 보세요. 람세스를 일반 사람들의 모습과 현저히 다르게 묘사해 놓았지요? 그 이유를 예술사적 관점에서 살펴보면, 람세스라는 인물의 존재를 더 돋보이게 함으로써 다른 존재들을 그보다 열등한 존재로 격하시키려는 의도가 있는 겁니다. 하지만, 이를 실제로 그 당시 사람들이 람세스에 대해 느낀 바대로 묘사했다고 볼 수도 있습니다. 고대의 왕을 그린 그림들이나 왕에 대해서 쓴 시를 보면, 하나같이 그 어마어마한 풍모를 그리고 있습니다. 심지어 우리에게 익숙한《삼국지》의 등장인물인 유비나 관우, 장비의 풍모에 대한 비현실적 묘사에서도 그 일면을 볼 수 있지요.

우리는 종종 경외감이라는 말을 사용합니다. 존경과 두려움이 섞인 감정. 지도자들에게 느낀 두려움은 그런 경외감이었습니다. '압도적인 힘을 가진 위대한 존재'에 대한 공포심, 이것이 바로 두 번째 공포심이지요.

그런데 인류 역사가 발달하면서 세 번째 공포가 나타났습니다. 그것은 바로 '우리가 만들어낸 어떤 것'에 대한 공포입니다. 우리가 만들어낸 어떤 것. 과연 무엇인지, 한번 보도록 하지요.

5. 스스로 창조한 세계에 대한 공포

아리스토텔레스 철학에서의 영혼관

- 영양능력
- 감각능력
- 사유능력

여러분, 아리스토텔레스라고 아시죠? 아리스토텔레스는 기원전 4세기, 그리스에 살았던 철학자입니다. 아리스토텔레스는 원래 아테네 출신이 아니었는데요. 전하는 말에 따르면, 압데라(Abdera)라는 곳에서 플라톤의 제자로 수학하기 위해 왔다고 합니다. 그런데 문제는 스승이 생존해 계심에도 불구하고, 스승이 가르치는 학원 바로 건너편에다가 자기 학원을 세웠다는 거지요. 그러니 사람들이 뭐라고 그랬겠습니까? '아니 뭐 저런 희한한 녀석이 다 있어?'라고 했겠지요. 게다가 외국인이었기 때문에 더 말들이 많았겠지요. 사실 아리스토텔레스는 고대 그리스 철학자들 중 하나입니다. 철학자의 생애에 대해 묘사한 글에 따르면, 아리스토텔레스는 화려한 장식을 많이 하고 다녔던, 이른바 사치를 즐겼던 사람이라고 합니다.

아리스토텔레스라는 사람은 다양한 학문 분야에 관심이 있었어요. 자연의 분류부터 우주의 모양, 심지어 눈에 보이지 않는 우주의 원리의 문제까지. 이 모든 것에 아리스토텔레스는 관심을 놓지 않았습니다. 어떤 이들은 아리스토텔레스가 왜 이렇게 관심이 다양했을까 하는 질문에 대해 이렇게 말합니다. '원래 그 사람은 천재였다!' 여러분, 타고난 천재란 건 없다고 생각해요. 아리스토텔레스가 이렇게 다양한 분야에 관심을 둔 이유는 무엇일까? 저는 '먹고 살려니까 어쩔 수 없었을 거다'라고 짐작합니다. 생각해 보세요. 돈도 없는 외국인이 와서 학원을 차렸잖아요. 플라톤의 경우 철학에 소질이 없는 사람은 받아들이지도 않았대요. 그런데 그당시 아테네에서는 시민들의 정치나 공공생활에 참여가 활발했고 이런 도시에서 깔보이지 않고 행세하려면 사람들은 뭐라도 배우고 익혀야만 했습니다. 이러한 상황에서 아테네에 학원을 열었던 이가 바로 아리스토텔레스에요. 수업료로 먹고 살아야 했던 아리스토텔레스로서는 사람들이 관심을 갖는 다양한 분야를 가르칠 수밖에 없었겠죠. 물론 철학자 친구들은 가끔 저한테 '어찌 그런 불경스러운 소리를 하느냐'며 핀잔을 주지만, 저 개인적으론 그렇게 믿고 있습니다.

아리스토텔레스는 인간의 영혼을 셋으로 분류했어요. 하나는 '영양 능력'입니다. '영양 능력'이란 쉽게 말해 '인간도 먹고살아야 한다'는 뜻이에요. 인간도 먹고살아야 하는 동물이니까요. 두 번째는 '감각 능력'입니다. 이 '감각 능력'이란 건 동물과 식물을 구분하는 것입니다. 인간은 동물이기 때문에 '감각 능력'을 가지고 있다고 본 겁니다. 거기에 더해 인간이 다른 동물들과 구별되는 뛰어난 능력이 있는데, 이것이 바로 세 번째 능력 '사유 능력'입니다. 생각할 수 있는 능력, 이성적인 판단 능력이지요. 여러분 로고스(Logos)라는 단어를 들어보셨지요? 로고스는 '이성(理性)'이라고 하지요. 로고스와 관련된 단어가 그리스어로 뭔지 아십니까? 바로 레고(Lego)입니다, 레고! 레고가

뭡니까? 집 짓기 놀이하는 게 레고잖아요. 로고스란 다름이 아니라, '모으는 능력'이에요. 어떤 것을 모아 질서정연하게 만들어내는 능력이 로고스이지요. 그리스 사람들은 이 능력이 인간에게 있다고 보았습니다. 즉 어떤 무질서한 부류를 모으고, 거기에 질서를 부여하는 능력이 인간에게만 있다고 본 것이죠. 다시 말해 이런저런 재료를 모아서 무언가를 만들어낼 수 있는 능력은 인간에게만 있다는 것이죠. 그렇다면 무엇을 만들어내는가? 물론 다양한 것들을 만들어냅니다. 플라톤이 《프로타고라스》라는 대화편에서 언급했듯 인간은 본래부터 무언가 만들지 않고는 살 수 없게 되어 있어요.

그렇다면 뭘 만듭니까? 도구를 만들고, 무기도 만듭니다. 집도 만들고 이것저것 다 만들죠. 그런데, 아리스토텔레스가 가만히 보니, 인간은 참으로 희한한 것을 만들어내는 겁니다. 도저히 상상할 수 없는 것! 그게 뭔지 아십니까? 바로 국가입니다. 아리스토텔레스는 국가를 만드는 인간의 능력이 인간의 모든 능력 중에서 가장 중요한 것이라고 이야기했어요. 아리스토텔레스가 정치에 대해 했던 유명한 말, '조온 퓌제이 폴리티콘(zoon physei politikon)'이라는 명제가 있습니다. '본래적(本來的)으로 폴리스 안에서 살게 되어있는 존재가 인간'이라는 말입니다. 그리고 폴리스를 만들 줄 아는 능력이야말로 인간이 지닌 모든 능력 중에 가장 최고의 능력이라는 거에요. 플라톤은 《프로타고라스》에서 인간이 폴리스를 만드는 능력을 '테크네 폴리티케(techne politike)'라고 하였습니다. '테크네(techne)'라는 말은 테크놀로지(technology)의 어원이기도 하지요. '테크네 폴리티케'는 번역하면 '정치적 기술'쯤 되겠네요. 정치적 기술이란 어떤 기술이겠습니까. 그것은 모래알처럼 흩어져 있는 인간들을 데려다 모아서 하나의 공동체 질서로 빚어내는 기술 아니겠습니까? 아리스토텔레스는 이를 최고의 기술이라고 본 것입니다.

자, 그런데 만들어 놓고 보니 인간들은 무엇을 깨닫게 되었을까요? '어? 우리가 인공적인 무언가를 만들어 냈네!' 그렇습니다. 인공적인 뭔가를 만든 거예요. 그런데 이 인공물이 인간들이 이전까지 알고 있던 인공물과는 좀 달라요. 그간 인공적으로 만들어낸 도구들, 이를테면 칼이며

총, 배 등은 우리가 움직여야만 움직였거든요? 그런데 폴리스라는 것, 국가라는 것은 만들어 놓고 보니 다릅니다. 마치 인간처럼 인간이 하는 일을 해내고, 심지어 인간보다 더 잘 해냅니다. 둑을 쌓기도 하고 적과 싸우기도 하고 황무지를 농토로 만들기도 하지요. 이전까지 인간은 신이 그런 일을 할 수 있다고 생각했는데, 이제 인간이 만든 창조물이 그런 일을 해내는 것이지요. 그뿐이 아니에요. 이것이 마치 생명력이 있는 것처럼 제 마음대로 움직이기도 합니다. '어라? 우리가 만들었는데 우리 생각과 다르게 움직이네!'라는 거지요.

여러분도 살다 보면 이런 경험을 하신 적이 있을 겁니다. 모임에서 모두 짜장면을 원한다고 했는데도, 어느새 결론은 짬뽕으로 나는 경우가 있죠. 왜 그럴까요? 각 사람의 생각을 하나하나 모은 것이 곧 집단의 생각이 되는 건 아니기 때문입니다. 국가가 그렇습니다. 우리가 만들기는 하지만, 우리가 바라는 대로 움직이지는 않는 것이죠. 바로 여기서 인류에게 국가에 대한 호기심 섞인 공포가 등장합니다. 자신이 만들었지만 통제할 수 없는 어떤 엄청난 힘에 대한 호기심과 공포 말입니다. 인간이 만들어 내기는 했지만, 때로는 우리의 말을 듣지 않으며, 통제를 벗어나는 이 존재, 전쟁을 통해 수많은 사람을 죽이거나, 때로는 문명을 일으키기도 하는 이 존재. 사람들은 이 존재를 두려움과 함께 연구하기 시작했습니다. 고대 이래 정치철학자들에게 가장 큰 수수께끼 중 하나가 여기서 등장합니다. 그 수수께끼는 '어떻게 이 괴물 같은 존재들을 길들이고 이끌고 갈 것인가?' 하는 것입니다.

6. 창조된 인간 — 법적 인간

로마법에서의 인격(persona)

- 권리와 의무의 주체

로마법에서의 인격의 유형

1. 자연인(Personae Physicae)
2. 법인(Personae Juridicae)

실제로 로마법을 살펴보면, 여기서 이런 인공물, 즉 인간 조직을 지칭하기 위한 용어로서 '법인(法人)'이라는 개념이 생겨났음을 알 수 있습니다. 법인이라는 게 무엇입니까? 간단히 말하자면, 자연인은 아니지만 법적으로는 인간으로 인정되는 존재입니다. '법적으로는 인간이다'라는 의미는 무엇일까요? 의무도 있고, 책임도 있다는 말입니다. 단체에 법적으로 권리와 의무를 부여해, 자연인처럼 사회에서 활동할 수 있는 자격을 주는 것이 바로 법인입니다. 쉽게 말해, 인공적인 인간인 셈이죠. 법인에 해당되는 라틴어인 '페르소나 유리디카(persona juridica)'는 정확히 '법적인 인간'이라는 뜻입니다.

만약 누군가 최초의 인공적인 인간이 인공지능(AI) 기술을 활용해 앞으로 만들어질 예정이라고 한다면, 그 사람은 역사를 깊이 있게 보지 않은 것입니다. 우리 사회를 한번 둘러보세요. 얼마나 많은 법인들이 존재하는지요. 법인이 없다면 우리는 일상생활을 유지하기 어려울 것입니다. 실제 인간은 아니지만, 마치 지능과 책임, 의무를 지닌 채로 작동하는 수많은 법인들이 우리 주변에 이미 존재하고 있습니다.

여러분, 밖으로 한 번 나가셔서 얼마나 많은 법적인 인간들과 마주치고 있는지를 생각해 보세요. 지금 우리는 성균관대학교라는 법적 인간이 소유하고 관리하는 건물에 있고, 이 강의실 안에는 그 인간과 계약을 맺고 가르치고 있는 사람들이 여기에 최소 네 명이 앉아 있습니다. 또

한, 버스라도 타신다면, 그 버스를 운영하는 운수회사 또한 법적인 인간입니다. 우리는 법인이 없으면 유지될 수 없어요. 사실, 인간들은 오래전부터 이렇게 인공적으로 만들어진, 즉 지능과 판단력, 도덕적 의무와 책임을 갖춘 것처럼 활동하는 존재들과 함께 살아왔습니다.

7. 법적 인격체로서의 국가

라이프니츠

• 합리성과

도덕적 책임의식

모두 아시다시피 라이프니츠는 대단한 철학자입니다. 이 분은 독일의 베를린 브란덴부르크 아카데미의 초대 원장이기도 했죠. 이 아카데미에 대해 잠시 설명해보겠습니다. 우리는 '아카데미'라는 이름을 쉽게 아무데나 붙이지만, 원래 아카데미의 의미는 다릅니다. 15세기쯤 되면 유럽 대학들이 위기에 빠지는데요. 왜 그런지 이유를 아십니까?

15세기로 들어서서 기술이 발달하면서 젊은이들이 돈을 벌고 직업을 얻기 위해 점차 기술 직업에 관심을 갖기 시작했지요. 하지만 당시 대학에서는 신학, 의학, 법학과 같은 전통 학문만 가르쳤고, 실용적 기술 교육은 하지 않았죠. 그래서 학생들은 줄어들기 시작했고, 자연스럽게 새로운 교육의 장이 필요해졌습니다.

왕들 역시 이러한 기술 교육이 필요하다고 느끼기 시작했습니다. 기술이 발전하면 산업과 상업이 부흥하고, 무기가 발전하면 군대가 강해져 국가가 부강해지니까요. 상업이 발전하면 세금을 더 많이 거둘 수 있습니다. 그뿐인가요? 좋은 무기 개발로 전쟁에서도 이익을 얻을 수 있었으니 왕들에게도 큰 관심사였습니다. 그래서 당시 왕들은 아카데미라는 조직을 설립했고, 이러한 아카데미들은 지금까지도 이어져 오고 있습니다. 그중 베를린 브란덴부르크 아카데미는 유럽에서 가장 유명한 아카데미 중 하나입니다. 라이프니츠 같은 대철학자가 초대 원장이었으니 당연하겠죠.

그런데 왜 법인에 관한 오랜 역사 중에 하필 라이프

니츠를 언급했느냐 하면, 그의 고민이 이 주제와 깊은 관련이 있기 때문입니다.

라이프니츠가 독일 출신 철학자였다는 건 모두 아실 겁니다. 그 당시 독일은 신성 로마 제국으로 불렸습니다. 하지만 이 신성 로마 제국이라는 이름은 사실과 다소 거리가 있었습니다. 제국이라면 모든 왕 위에 서서 명령을 내리는 절대적 권력을 상상합니다. 이를테면, 계열사의 최상위에 서서 지침을 내리는 '회장님'처럼 느껴지지요. 하지만, 당시 유럽의 상황은 그렇지 않았습니다. 지도를 보면 알 수 있듯이, 지리적으로도 프랑스, 스페인, 영국 등은 독립적인 국가로 존재했어요. 신성 로마 제국이 진정한 제국이라기엔 권력이 미치지 못했죠.

사람들은 이 제국을 두고 "로마도 아니고, 제국도 아니며, 신성하지도 않다"라며 비웃기도 했습니다. 실제로 독일 내에서도 신성 로마 제국 황제의 권위는 약했고, 각 영주들은 황제의 말을 잘 듣지 않았습니다. 라이프니츠는 이 상황을 보며 고민에 빠졌습니다. 한편으로 그는 황제의 권위를 어떻게든 회복시켜야 한다고 생각했지만, 동시에

현실적인 문제도 인식하고 있었습니다. 즉, 권력을 쥐고 있는 작은 영주국들을 무시할 수도 없었죠.

이 영주국들의 권리를 무시한다면, 독일 정치에 대한 책임도 요구할 수 없게 되는 상황이었습니다. 라이프니츠는 이에 대한 해결책을 고민했고, 결국 독창적인 해법을 제안했습니다. 그것은 신성 로마 제국 내의 작은 국가들에도 법인격을 부여하는 것이었습니다.

그 이전까지는 개별 국가를 법인격으로 봐야 한다는 생각이 널리 퍼져 있지 않았습니다. 하지만 라이프니츠 이후로 이 문제가 매우 중요한 논제가 되었지요. 개별 국가들, 이른바 각 영주들이 거느리고 있는 작은 국가들의 법적 지위는 무엇인가? 이에 대해 라이프니츠는 로마법에서 논의된 법인격 개념을 적용하여 이 문제를 설명하고자 시도합니다.

다시 강조하지만, 이쯤 되면 법인 문제는 우리가 흔히 생각하는, 예를 들어 도시 안의 성균관대학교 학교법인이나 운수회사 법인 같은 단순한 법인의 범위를 넘어섭니다. 이제는 국제법 체계를 구성하는 핵심 개념으로 자리

잡게 되죠. 결국, 이 모든 법인은 우리가 인공적으로 만들어낸 인격이라는 점에서 공통점을 갖습니다.

8. 리바이어던 — 인공인간으로서의 국가

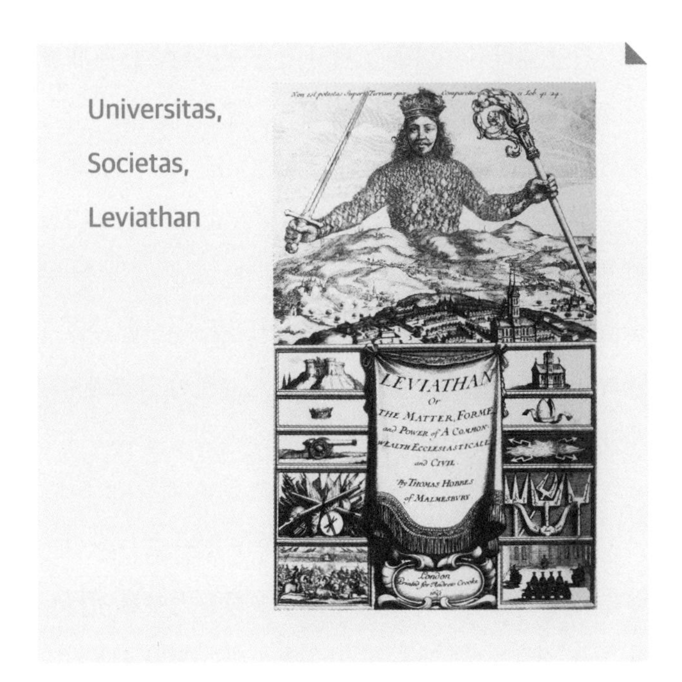

중세 말에서 근대로 넘어갈 무렵, 온 세상은 법인으로 가득차게 됩니다. 여기서 흥미로운 예로 우니베르시타스(Universitas)를 들 수 있습니다. 이게 바로 오늘날의 유니버

시티(University), 즉 대학의 어원입니다. 그런데 여러분, 유니버시티가 원래 무엇인지 아시나요?

시양 대학의 시작을 간단히 말씀드릴게요. 13세기 무렵, 당시의 영주나 왕들은 전문적으로 훈련받은 문자 해독 능력자를 절실히 필요로 했습니다. 그 시기 영주, 왕, 심지어 주교들조차도 문맹인 경우가 많았어요. 하지만 나라가 안정되고 상업이 발전하면서 문서를 읽고 쓸 줄 아는 사람들, 글도 잘 쓰고 언변도 뛰어난 사람들에 대한 수요가 급격히 증가했습니다. 이때가 바로 인문학이 중요해지기 시작한 시기였던 겁니다.

당시 인문학을 공부한다는 건 곧 '돈을 잘 번다'는 뜻이었습니다. 정말 수익성이 좋은 학문이었죠. 당시에 자금력을 가진 상인이나 영주들이 이 인문학을 공부한 사람들을 높은 월급을 주면서라도 고용하고 싶어 했기 때문입니다. 그래서 이런 영주나 주교들이 사는 도시 주변에 무엇이 생겨났을까요? 바로 학원들입니다.

쉽게 말하자면, 오늘날 대치동처럼 학원들이 곳곳에 세워지기 시작한 겁니다. 이런 식으로 도시 주변에 학원들이 하나둘씩 생겨났습니다.

그런데 문제는 왕들이나 영주들이 이 학원들을 보면서 생각한 겁니다. "얘네들 돈 잘 버네? 그럼 우리가 뭘 해야 하지?" 바로 세금을 걷어야 한다는 결론에 이르렀죠. 왕이나 영주 입장에서는 최대한 세금을 많이 걷고 싶어 했습니다. "뜯을 만큼 뜯어내자"는 생각이었죠.

한편으로, 왕이나 영주 입장에서는 단순히 세금을 걷는 것뿐 아니라 학생들을 관리해야 할 필요도 있었습니다. 학생들이 많이 모이면 항상 같은 문제가 생기기 때문이죠. 여러분, 학생들이 많이 모이면 가장 먼저 뭘 하겠습니까? 그때나 지금이나 학생들은 함께 술마시기를 좋아합니다. 그런데 술을 마시면 가끔 싸움이 일어나기도 하고 이러저런 소동이 납니다. 그 시절에도 학생들이 일으키는 문제로 도시가 온통 난리가 난 경우가 많았습니다.

중세 대학의 규칙을 보면 얼마나 당시 상황이 혼란스러웠는지 알 수 있습니다. 이를테면, "활과 화살을 들고 강의실에 들어오지 말 것"이라는 규칙이 있었죠. 기막힌 노릇이지요. 왜 그런지 아세요? 교수가 강단에서 하는 이야기가 마음에 안 들면 활로 쏘는 일이 있었기 때문입니다.

상황이 이 모양이니, 왕이나 영주들은 군대라도 동원해시 대학에 대한 통제를 강화하려고 했지요.

당연히 여기에 학생들과 교수들 모두 반발을 했습니다. 자신들의 권리를 확보해야겠다는 생각에 학원들이 동맹을 맺기 시작했습니다. "하나하나 따로 협상하기는 어렵다. 우리가 함께 모여서 영주나 왕과 협상하자!"라는 생각이죠. 이 동맹이 바로 우니베르시타스의 시작입니다. 우니베르시타스는 단순히 학문 공간이 아니라, 학원들의 동업자 연합 같은 성격을 띠었습니다. 이런 동맹을 통해 세금과 권리 문제를 협상하고, 자신들의 권리를 인정받으려 했습니다. 결국, 대학이라는 조직은 이런 학원들의 연합으로 탄생했고, 우니베르시타스는 법인격을 부여받아 인공적 인격체가 되었습니다.

이와 같이 법인격체들이 성장하던 시기에 국가도 법인격체로 설명하려는 사상가들이 등장한 것은 우연이 아닙니다. 여러분 레비아탄(Leviathan)이라는 단어를 한 번쯤 들어보셨을 겁니다. 여기서 말하는 레비아탄은 영화 이야기가 아닙니다. 물론 과거에 레비아탄이라는 제목의 영화가 있었죠. 잠수부들이 소련에서 만든 이상한 약물을 먹고 괴물로 변해 모두를 죽이는 이야기였습니다. 하지만 여기서 다룰 레비아탄은 그 영화와는 전혀 관련이 없습니다. 이 레비아탄은 영국의 정치철학자 토마스 홉스(Thomas Hobbes)가 쓴 대표작입니다. 《레비아탄》은 《리바이어던(Leviathan)》이라고도 알려져 있지요.

홉스의 《레비아탄》은 간단히 말하면 국가가 어떻게 형성되어 하나의 새로운 인공인격체를 형성하는가를 설명하는 책입니다. 내용을 쉽게 풀어보자면, 이렇습니다. 원래 인간은 흩어져 살던 존재였습니다. 각자 따로 떨어져서 마치 야생동물처럼 살았죠. 그러나 시간이 지나 인구가 늘어나고 사람들이 점점 더 가까이 모여 살기 시작하면서 이해관계의 충돌이 발생하고 서로 다툽니다. 자, 그럼 어떤 문제가 생기는가? 인간들은 본능적으로 상대방이 더 많은 것을 가지는 상황을 두려워합니다. 그 힘의 격차 때문에 상대방이 나를 제압할 수 있다는 공포가 생겨나는 거예요. 예를 들어, 땅을 경작한다고 생각해봅시다. 이웃과 협력해 땅을 경작하고 수확물을 나눠 가지는 것이 이상적일 것처럼 보이죠. 하지만 문제는 인간이 이런 단순한 계산으로만 움직이지 않는다는 겁니다. "이웃이 나보다 더 많은 것을 가지면 어떻게 하지?"라는 두려움이 협력을 방해합니다. 나아가, "이웃이 더 많은 것을 가진 상태에서 밤중에 우리 집을 공격해 다 죽이고 모든 것을 빼앗아가면 어떡하지?"라는 공포까지 생겨납니다.

이 공포는 인간을 선제공격으로 내몰게 됩니다. "내가 당할 바에야, 상대를 먼저 쳐야겠다." 이런 사고방식이 팽배해지면 인간은 협력 대신 경계심과 공격을 선택하게 됩니다. 이렇게 되면 결국 인간 사회는 홉스가 말한 "만인의 만인에 대한 투쟁(Bellum omnium contra omnes)"에 빠지게 됩니다. 밤낮으로 언제 공격을 당할지 불안한 상태에서 더 이상 인간다운 삶을 누릴 수 없게 됩니다.

홉스에 따르면, 사람들이 어느 날 이렇게 생각한다는 겁니다. "이대로 사느니 차라리 죽는 게 낫다. 하지만 죽는 것보다는 사는 게 더 낫지 않을까?" 그러면서 사람들은 "그렇다면 어떻게 살아야 할까?"라는 고민 끝에 합의를 하게 됩니다. "무기를 내려놓자. 그리고 하나의 계약을 맺어 사회를 만들자. 그 안에서 왕 한 사람을 뽑아 그 사람이 우리 전체를 통치하게 하자." 이 합의에서 비롯된 것이 바로 국가의 시작이라고 홉스는 설명합니다. 물론, 이건 제가 여러분께 설명하기 위해 간략하게 요약한 것입니다.

홉스는 이 국가를 "아티피셜 맨(Artificial Man)", 즉 '인공적인 인간'이라 부릅니다. 이 개념을 설명하기 위해 그의 저서 《리바이어던》의 표지에는 매우 상징적인 그림이 실려 있습니다. 이 그림은 에이브라함 보스(Abraham Bosse)라는 사람이 홉스의 요청에 따라 그린 것으로, 국가라는 개념을 시각적으로 표현한 작품입니다.

그림을 살펴보면, 왕의 형상이 등장합니다. 왕은 왼손에 지팡이, 오른손에 칼을 들고 있으며, 권위를 상징하는 모습을 하고 있습니다. 그러나 이 왕의 갑옷을 자세히 보면, 그것이 단순한 갑옷이 아니라, 작은 사람들의 얼굴로 이루어져 있다는 것을 알 수 있습니다. 개별적인 사람들이 모여 사회계약(Social Contract)과 주권자 계약(Sovereign Contract)을 통해 하나의 인공적인 인간을 만들어 낸 겁니다.

홉스는 이 인공적 인간이 지닌 가공할 위력을 성경의 욥기에 나오는 괴수 리바이어던의 위력과 비교했습니다. 보스의 그림 맨 위에는 라틴어로 이렇게 쓰여 있습니다. "Non est potestas super terram quae comparetur ei." 이는 리바이어던이 등장하는 성경 욥기 41장에 등장하는 문구로서, "이 지구상에 이보다 더 강한 힘은 없도다"라는 뜻입니다. 여기서 여러분은 홉스가 왜 국가를 설명하는 자신의 책에 리바이어던이라는 이름을 붙였는지 아실 것입니다. 자연인은 따라갈 수 없는 거대한 힘을 가진 인공인격! 홉스는 국가를 이렇게 이해했습니다.

서양 국가사상의 역사는 이 인공적인 힘을 이해하고 통제하기 위한 방법에 대한 토론이었다고 해도 과언이 아닙니다. 그런 노력은 지금까지도 이어져오고 있습니다.

9. 인공 생명체에 대한 공포 — 어떻게 통제할 것인가

사람들이 언제부터 국가를 어렴풋이나마 하나의 인격체로 바라보기 시작했는지 아십니까? 동양에서도 이런 전통이 있을까요? 여기 성균관대 동아시아학술원에 계신 이영호 교수님께서 자리하고 계신데요. "혹시 유교에서도 국가를 인간의 모습으로 표현한 기록이 있는지 떠올릴 수 있을까요?"라고 질문을 드린다면, 아마 바로 떠오르지는 않을 겁니다. 이 개념은 서양에서 유독 강한 전통을 가지고 있습니다.

관련된 최초의 기록은 로마의 역사가 리비우스(Titus Livius)가 쓴 《로마사(Ab Urbe Condita)》 제2권에 등장합니다. 기원전 494년의 이야기라고 합니다. 당시 로마는 일곱 언덕 위에 세워진 도시로, 귀족과 평민이 함께 살고 있었습니다. 문제는 서로 좋아하지 않았다는 것입니다.

당시 전쟁에서 평민들은 귀족들과 나란히 목숨을 걸고 싸웠지만, 전리품 분배에서는 소외되었습니다. 귀족들은 이렇게 주장했겠죠. "평민들이 전쟁에서 한 일이 뭐가 있다고?" 실제로 평민들은 제대로 된 무기도 없어서, 주머니에 돌을 넣어 들고 나갔을 정도였습니다. 돌팔매질은 평민들이 할 수 있는 가장 초보적인 전투 방식이었겠죠. 반면, 기사들은 말과 갑옷으로 제대로 무장하고 전투의 중심을 담당했습니다. 그러니 이들은 "큰 몫은 우리가 가져야 해!"라고 생각했을 겁니다.

결국 평민들의 불만이 폭발했습니다. 그들은 귀족들에게 이렇게 선언하고 도시를 떠나 산으로 올라가 버렸습니다. "너희들끼리 살아라." 귀족들은 이 상황에서 고민에 빠졌습니다. 평민 없이는 귀족도 존재할 수 없었기 때문입니다. 그래서 귀족들은 설득하기 위해 시쳇말로 '말발 좋은' 메네니우스 아그리파(Menenius Agrippa)를 평민들에게 보냈습니다. 아그리파! 어디서 들어보셨지요? 그림 배우러 화실에 가면 굉장히 멋지게 생긴 '아그리파'라는 석고상이 있잖아요? 사실 지금 우리가 말하는 아그리파는 그 아그리파는 아닙니다. 로마사에는 수많은 아그리파가 존재합니다.

어쨌든 이 말발 좋은 아그리파는 평민들을 모아놓고 이렇게 말했다고 합니다. "우리 로마는 하나의 몸과 같은 존재다. 한쪽이 망하면 다른 쪽도 아프다." 이 유명한 비유는 아마 여러분도 한 번쯤 들어보셨을 겁니다.

옛날에는 사람의 신체 각 부분이 말을 하고 행동할 수 있었다고 합니다. 혀는 혀대로, 손은 손대로, 발은 발대로 말이죠.

어느 날, 입이 이렇게 말합니다.

"나는 이렇게 열심히 하고 음식을 받아들이는데, 결국 즐기는 건 위장이 다 하잖아!"

그러자 손도 불평합니다.

"내가 그 음식 가져오느라 얼마나 고생했는데, 즐기는 건 전부 위장이잖아!"

이도 불평을 거듭니다.

"아니, 내가 음식 씹느라 얼마나 고생하는데, 결국 다 가져가는 건 위장뿐이잖아!"

결국, 신체의 모든 부분이 화를 내며 더 이상 일을 하지 않기로 합니다. 자, 어떻게 되었을까요? 먹을 음식을 손이 가져오지 않고, 입이 받아들이지 않고, 이가 씹지 않으니, 얼마 지나지 않아 팔, 다리 모두 쇠약해지고 몸 전체가 힘을 잃게 되었습니다.

아그리파의 이야기는 하나의 국가는 몸과 같아서 각 부분이 서로 협력하고 의지하고 산다는 것이지요. 너무 깐깐하게 굴지 말고 귀족들과 타협하라는 취지로 말을 했을 것입니다. 그렇다면, 아그리파의 설득은 성공했을까요? 아니요, 실패했습니다. 로마 사람들은 이런 사탕발림에 넘어갈 만큼 어리석지 않았기 때문입니다. 뭔가 실질적인 보상을 해 주어야지, 단순한 말로는 설득되지 않았던 겁니다.

사실이야 어찌되었든, 이 이야기는 서양 철학 전통에서 국가를 인간에 비유한 최초의 기록으로 여겨집니다. 이후, 국가와 인간의 비유는 플라톤 철학을 비롯해 다양한 분야에서 반복적으로 나타나게 됩니다.

제가 학자로서 처음 데뷔한 것도 국가와 신체를 비유한 그림을 해석하면서였습니다. 여러분, 영화로도 만들어진 댄 브라운의 소설《다빈치 코드(The Da Vinci Code)》에서 옛날 그림을 해석하는 장면 아시죠? 저도 비슷한 작업을 했습니다. 제 첫 연구는 14세기에 제작된 벽화에 관한 것이었는데요. 그 그림이 제2차 세계대전 이후에 재발견되었지만, 오랫동안 해석되지 못했던 작품이었습니다. 제가 이 벽화를 해석하면서 주장한 내용은, "이 그림은 국가를 인간의 신체, 특히 왕의 신체로 표현한 것이다!"라는 것이었습니다. 이 작업이 제 학문적 데뷔작인 셈이지요.

잠낀 이야기가 옆으로 샜습니다만 본론으로 돌아가면 문제는 "이 인공적 인간을 어떻게 통제할 것인가" 하는 것입니다. 오늘날도 마찬가지입니다만, 국가의 권한이 커지고 그 힘이 강력해질수록, 이 힘을 어떻게 통제할 것인가라는 문제가 심각해지기 마련이지요. 서양 정치사상의 역사는 바로 '이 어마어마한 힘을 가진 국가를 어떻게 통제할 것인가?'라는 문제에 맞춰져 있습니다. 다시 말해 서양의 국가사상은 인공적 생명체에 대한 두려움과 이를 통제하고자 하는 욕구를 바닥에 깔고 만들어져 있습니다. 이제부터 이야기하겠지만 오늘 이야기의 주제인 AI(인공지능)에 대한 공포 역시 기원이 같다고 생각합니다. 인간이 만들었지만 인간을 넘어서는 어떤 생명체에 대한 호기심 섞인 공포 말이지요.

10. 인공지능 — 인간의 삶을 뒤바꾸다

AI와 현대사회의 변화

AI에 대해 우리는 왜 공포심을 가질까요? 앞서 말씀드렸듯이, AI는 너무 똑똑합니다. 심지어 교수보다도 더 똑똑한 경우가 많습니다. (물론, 제가 '교수는 항상 똑똑하다'고 주장하는 건 아닙니다.) AI는 단순히 똑똑한 것을 넘어 무척 빠르고, 효율적입니다.

예를 들어, 여론조사를 생각해 보십시오. 과거에는 사람들이 A 여론조사 기관, B 여론조사 기관, C 여론조사 기관의 기발한 기법들이 선거 결과를 가장 잘 예측한다고 믿었습니다. 그런데 나중에 보니 구글(Google) 같은 AI 기반 분석 도구가 더 정확하게 맞히더라는 이야기를 들어보셨을 겁니다. AI는 인간이 감당할 수 없는 거대한 규모의 데이터를 다루고, 이를 바탕으로 엄청난 예측력을 보여줍니다.

이처럼 AI가 강력한 힘을 가지게 되면, 어떤 문제가 발생할까요? 네, '통제의 문제'가 발생합니다. AI가 통제 불가능한 방식으로 움직인다면, 상황은 어떻게 될까 생각해 보세요.

이 문제는 앞서 언급했던 국가의 통제 문제와 유사한 맥락을 가지고 있습니다. 국가와 마찬가지로, AI 역시 엄청난 가능성과 강력한 힘을 지니고 있습니다. 그러나 이 힘이 잘못 사용되거나 혹은 통제를 벗어난다면, 돌이킬 수 없는 결과를 초래할 수 있습니다. 따라서, AI의 발전은 단순히 기술적 진보로만 바라볼 수 없는 문제입니다. AI가 가진 힘과 잠재력을 긍정적인 방향으로 활용하려면, 이를 반드시 통제 가능한 틀 안에 두는 체계가 필요합니다. 이러한 통제와 관리의 문제는 현대 사회가 해결해야 할 가장 중요한 과제이겠지요.

AI에 대한 공포, 그 통제의 문제는 마치 옛날 아라비안나이트에서 호리병 속에서 지니를 불러냈을 때와 같습니다. 지니가 호리병에서 나왔다면, 가장 먼저 해야 할 일은 그 지니를 통제하는 것입니다. 만약 지니를 통제하지 못한다면, 세상은 멸망할 수도 있겠지요. AI 역시 마찬가지입니다. AI는 강력한 힘을 지녔기에, 이를 통세하지 못하면 큰 문제를 초래할 수 있습니다.

조금 더 미시적인 차원으로 내려가 보겠습니다. 대학교에서 영어를 가르치는 교사들은 과거에 높은 수요를 자랑했지만, 이제는 광고에서조차 AI가 영어를 가르친다는 내용이 넘쳐납니다. 그리고 이 흐름은 영어 교육만이 아니라 재판부, 야구경기 심판으로까지 확장되고 있습니다.

야구에서 심판이 어떨 때는 스트라이크존을 좁게 잡고, 어떨 때는 넓게 혹은 높게, 낮게 잡는 등 판정이 일관되지 않으면 관객들이 물병을 던지거나 경기장 안으로 뛰어 들어가는 등 소란을 피우는 일이 발생하곤 합니다. 하지만 AI 심판에게 맡긴다면 일관된 판정을 내릴 것 아닙니까? 정치인에 대한 불신 문제에 있어서도 역시 비슷합니다. 우리도 과거에는 공정하다고 정평이 나 있는 독일에서 정치인이나 재판관을 데려오자는 농담을 한 적도 있는데요. 이제는 "AI를 수입해오자"는 말까지 등장할 정도입니다.

그러나 이러한 AI의 발전이 가져오는 가장 큰 문제 중 하나는 일자리 상실입니다. 사람들이 대규모로 실업 상태에 빠지면, 국가는 어떤 문제에 부딪힐까요?

네, 맞습니다. 세수가 줄어들지요. 실업급여 문제도 문제지만, 실업률이 높아지면 세금을 낼 사람이 줄어들고, 국가 재정은 직격탄을 맞습니다. 현대 사회에서 국가가 집행해야 할 정책은 조 단위, 심지어는 수백조 원의 예산을 요구하는데, 세수가 줄면 이런 정책을 실현하기 어려워집니다.

또, 사람들이 일자리를 잃으면 구매력이 떨어져, 생산된 물건이 팔리지 않게 됩니다. 즉, 소비가 감소되는 거지요. 이는 경제 침체를 초래하고, 기업의 생산 활동마저 위축되게 만듭니다.

그다음, 어떤 문제가 또 생길까요? 실업자들이 늘어나면, 복지부담이 늘어나게 됩니다. 결국, 국가의 부담은 더욱 커질 것입니다.

자, 여러분 AI 시대가 꼭 좋은 걸까요? 최근 뉴스에서 AI 자율주행차에 의존해 차량 내에서 잠든 사람들이 보도되며, 사회적 문제가 되고 있습니다. 딥페이크와 같은 기술도 여전히 심각한 위협으로 여겨지고 있습니다. 이뿐만이 아닙니다. 만일, AI가 전쟁 무기에 적용된다면, 걱정이 훨씬 심각해집니다. AI가 자율적으로 판단하여 전쟁을 시작한다면, 우리는 이를 어떻게 막을 수 있을까요?

인간과 인간관계의 재정의

- 지식사회의 전개와 정보 처리 기제로서의 인간의 부상

정보(의미있는 데이터) 기반 사회
정보의 교환이 인간의 협조/사회생활의 핵심부분 중 하나
정보의 생산, 교환, 소비의 폭발적 증가가 현대 사회의 특징
노동을 변화시키고 생산과정을 변화시킴
사무직 노동의 증가
육체노동/기능의 의미 변화
정보의 생산, 교환, 소비 그 자체가 산업으로 자리잡음

AI의 문제를 쉽게 보아넘길 수 없는 이유는 앞으로도 우리의 삶이 이 기술의 발전에 점점 더 의존할 것이 확실하기 때문입니다. 자, 한번 생각해봅시다. 우리는 어떤 사회에 살고 있는가? 요즘 들어 "우리 인류는 이제 완전히 새로운 단계에 접어들었다"고 말하는 사람들이 많습니다. 4차 산업혁명에 관한 이야기부터, AI가 인간의 삶을 어떻게 변화시키는지에 대한 논의까지 다양한 의견이 나오고 있죠. 개인적으로는 이런 주장이 모두 정확한지는 모르겠습니다. 그러나 한 가지는 분명합니다. AI가 득세할 수 있는 이유는 우리 지식사회의 전개 때문에 그렇습니다. 정보처리 기제로서 인간이 부상하게 된 거지요.

자, 이해를 위해 약 50~70년 전, 한국 사회를 떠올려봅시다. 시대에 따라 사회에서 인간과 인간이 맺는 관계가 어떠했는가를 한번 생각해 보는 거지요. 그때는 대부분 농촌 중심의 구조를 이루고 있었습니다. 많은 사람들이 집성촌에서 살아가며 혈연관계에 있는 사람들과 주로 교류했습니다. 논이며 밭에서 육체노동을 하며 서로 협력하는 관계를 형성했죠. 그게 당시 인간관계의 기본이었습니다.

하지만 지금 우리 사회를 돌아보세요. 씨족이나 집안으로 맺는 관계가 과연 얼마나 될까요? 극히 일부에 불과합니다. 육체노동을 통해 사람을 만나는 일 역시 매우 드뭅니다. 그렇다면 여러분이 맺고 있는 관계의 대부분은 무엇인가요? 바로, 정보 처리 과정에서 형성된 관계들이라는 겁니다. 과거와 달리 정보가 사회적 관계를 만들어내는 중심축이 된 것입니다.

정보라는 것은 단순한 데이터뿐 아니라 기술적 정보도 포함합니다. 그리고 이 기술적 정보는 오늘날 그 자체로 하나의 산업이 되었습니다. 지난 시간 강연에서 최재붕 부총장님이 강조하신 내용 중 저도 깊이 공감한 부분이 있습니다. 과거에는 물건을 조립하고 생산해서 판매하는 것이 돈을 버는 주요 방식이었죠. 지금도 여전히 우리나라에서는 "제조업을 늘려야 한다"는 말을 합니다. 그러나 잊지 말아야 할 점은, 대한민국에서 제조업을 확장한다고 해서 일자리가 과거처럼 크게 늘지 않는다는 겁니다.

왜냐! 오늘날 제조업은 너무나 자동화되어 있어요. 지금 같은 시대에 제조업을 확장한다고 해서 사람들이 컨

베이어 벨트 앞에 서서 조립을 한다는 것은 현실적으로 어렵습니다. 이미 우리는 1970년대와는 완전히 다른 환경에 살고 있기 때문입니다.

최재붕 부총장님이 강의하실 때 강조하신 점도 이와 같습니다. 오늘날 경제는 단순히 물건을 생산하는 방식이 아닙니다. 예를 들어, 네이버와 같은 기업들의 기업 가치를 보십시오. 왜 네이버나 구글과 같은 플랫폼 기업들이 높은 가치를 가질까요? 그것은 이들이 정보의 교환과 흐름에서 핵심적인 역할을 하기 때문입니다.

우리는 점점 정보 중심 사회로 진화하고 있습니다. 이 정보 지식사회에서는, 직접 몸을 움직여서 하는 일이 아닌 정보를 유통하고 조립하며 분석하고 나누는 과정에서 부가가치가 창출됩니다. 따라서 이러한 변화 속에서 AI 기술은 점점 더 결정적으로 중요한 역할을 맡게 된 것입니다.

더 나아가 AI는 점점 더 많은 공정과 기능을 통제하며, 우리의 일상에 깊숙이 들어오고 있습니다. 저의 동료 중에는 애니메이션 작업을 하는 분들이 있습니다. 여러분도 애니메이션이 무엇인지 아실 겁니다. 예를 들어 픽사(Pixar)의 〈토이 스토리〉 같은 작품이 있죠. 애니메이션을 제작하려면 무엇이 필요할까요? 전통적으로 애니메이터가 되려면 그림을 잘 그리는 능력이 필수적이었습니다.

저도 한 번 그림을 그려본 적이 있습니다. 아이가 코끼리를 그려 달라고 해서 열심히 그렸는데, 아이가 울면서 엄마에게 이르는 겁니다. 아빠에게 코끼리를 그려 달라니까 개미를 그려줬다고요. 저처럼 그림 실력이 부족한 사람은 애니메이터가 될 수 없겠죠.

예전에 저는 이집트 상형 문자에 관심이 있어서 공부를 해 본 적이 있습니다. 상형 문자에는 다양한 새들이 등장하는데, 그 모양에 따라 의미가 모두 다릅니다. 그런데 제가 새를 그리면, 나중에는 내가 무슨 새를 그린 건지조차 기억할 수 없을 정도였죠. 결국, 이집트 상형 문자 공부를 포기했습니다.

그런데 지금은 저 같은 사람도 애니메이터가 될 수 있는 시대입니다. 왜일까요? 이제는 사람들이 일러스트레이션(illustration)을 직접 그리지 않기 때문입니다. 물론, 기초적인 그림 기술은 여전히 중요하지만, 과거처럼 한 장 한 장 그림을 그려 애니메이션을 만드는 방식은 거의 사라졌습니다. 대신, 컴퓨터와 컴퓨터 기술이 동원되어 이를 대체하고 있습니다.

제가 손으로 얼마나 멋지게 스케치를 할 수 있는가 하는 문제는 초기 기획 단계에서나 의미가 있겠지요. 그러나 최종 애니메이션 작품을 생산하는 데에는 큰 역할을 하지 않습니다.

점점 더 기계화된 세상에서, 이러한 기술의 발전은 데이터와 컴퓨터를 중심으로 이루어지며, 이로 인해 인간의 일자리를 빼앗기고 있지요. 그러나 이러한 과정을 벗어나 '난 자연으로 돌아갈래'라고 말할 형편도 아닙니다. 누가 10년 전, 20년 전, 혹은 30년 전 삶으로 돌아가고 싶겠습니다. 그러니 사람들이 이러지도 저러지도 못하는 상황에서 당혹감을 느끼는 것입니다.

오늘날 우리가 AI를 바라보는 방식은 두 가지 차원으로 나뉩니다. 가까운 시각으로 보면, 우리가 직면한 것은 작고 구체적인 문제들입니다. 예를 들어, AI를 어떻게 통제하고 다룰 것인가, AI가 특정 산업에서 인간의 역할을 어떻게 대체할 것인가와 같은 문제들입니다. 하지만, 큰 시각에서, 마치 새가 하늘 높이 날아 세상을 내려다보는 조감도처럼 AI를 바라보면, 더 본질적인 질문이 떠오릅니다. "AI가 가진 강력한 힘을 어떻게 통제할 것인가?"

이 통제 문제는 단순한 기술적 도전 과제를 넘어, 다시금 정치학의 핵심 주제로 부상하고 있습니다. 왜냐하면, AI가 단순한 도구를 넘어 사회의 핵심 동력으로 작용할 가능성이 커졌기 때문입니다.

11. 우리는 해낼 수 있을까?

AI와 법인격의 문제

AI와 법인격 문제를 어떻게 바라봐야 할지에 대해 이미 학자들은 몇 가지 해법을 제시하고 있습니다. 예를 들어, 옥스퍼드대학교에서 예일대학교로 자리를 옮긴 한 철학자는 이렇게 주장합니다. "AI와 같은 존재도 하나의 주체로 인정해야 한다." 이 철학자는 AI를 단순한 도구로 보지 않고, 액터(actor), 즉 행위체로 간주해야 한다고 말합니다. 그리고 이러한 행위체로 인정받는 AI에게는 법적 책임과 의무를 부여하는 한편, 일정한 권리도 인정해야 한다는 입장입니다. 이는 AI를 일종의 법인으로 취급해야 한다는 얘기예요.

이 논리의 근거는 간단합니다. 만약 AI를 법적으로 명확히 규정하지 않으면, 사회적 혼란이 발생할 수 있다는 것입니다. 예를 들어, 자율주행차가 사고를 일으켰다고 가정해 봅시다. 사고의 책임은 누구에게 있겠습니까? 자율주행차를 만든 제조사입니까, 차량의 소유자입니까, 아니면 차량 자체입니까? 만약 차량에 책임을 물어야 한다면, 자동차를 5년 동안 감옥에 보낼 수 있을까요?

이처럼 전통적인 사고방식으로는 해결할 수 없는 새로운 문제들이 나타나기 때문에, AI와 같은 정보 처리 시스템에 법적 책임과 의무를 부여해야 한다는 것입니다. 더 나아가, AI를 통해 창출된 수익에 대해서는 과세할 수 있는 체계도 마련해야 한다고 주장합니다. 이러한 논의는 현재 법학자들 사이에서 활발히 이루어지고 있습니다.

그러나 이러한 방안이 정말로 실효성 있는 해결책이 될지는 여전히 미지수입니다. AI와 비슷한 기술들이 앞으로 어디까지 발전할지, 그 영향이 얼마나 클지는 우리는 아직 정확히 알 수 없습니다. 이건 솔직히 말씀드려야 할 부분입니다.

얼마 전, 제가 한 선생님과 저녁 식사를 함께하며 이야기를 나눴는데요. 그분은 6개월 전에 AI와 인문학을 주제로 논문을 썼다고 하셨습니다. 그런데 지금에 와서 보니, 그 논문이 이미 낡은 이야기가 되어 버렸음을 느끼신다고 하더군요. AI의 발전 속도가 너무 빨라서 본인의 생각이 금방 뒤처진 것처럼 느껴진다는 말씀을 하셨습니다. 저는 이 말씀이 과장이 아니라고 생각합니다.

사실, 저 역시 1년 전부터 이 주제를 가지고 논문과 책을 준비하려고 했습니다. 하지만 작업을 하다 보니 3개월만 지나도 내가 쓴 내용이 시대에 뒤처질까 봐 걱정됩니다. '그때 안 쓰길 잘했지. 만약 그때 책을 냈더라면, 얼마나 부정확한 얘기가 많을까?'라는 생각이 드는 거죠. 동아시아학술원에서 이 강의록을 책자로 인쇄한다고 하면, 반드시 그 전에 검토해야 할 겁니다. 잘못하면, 제가 얼마나 무지하고 멍청한지가 고스란히 박제될 가능성이 크기 때문이에요.

이처럼 AI는 엄청난 속도로 발전하고 있고, 문제점 역시 따라잡기 어려울 정도로 빠르게 생겨나고 있습니다.

12. 관료제와 AI — 통제하기 어려운 두 힘

통제되지 않은 힘

우리가 AI를 두려워하는 이유는, 앞서 말씀드렸듯이 통제되지 않는 힘 때문입니다. 여기 율리우스 베른하르트 폰 로(Julius Bernhard von Roh)가 1719년에 그린 그림이 있습니다. 이 그림의 배경이 어디인지 아시겠어요? 얼핏 보면 도서관처럼 보이지만, 사실은 관공서입니다.

이곳에서 우리는 관료제의 시작을 엿볼 수 있습니다.

관료제라는 말을 들으면 흔히 '관료적인 권위의식에 젖어 있다' 등의 말이 떠오르곤 하죠. 관료제는 영어로 뷰로크라시(Bureaucracy)라고 합니다. 그런데 이 단어의 어원부터 살펴보면 흥미로운 점이 있습니다. 뷰로(Bureau)는 서랍이 많이 달린 책장을 의미해요. 크라시(cracy)는 그리스어 크라토스(kratos)에서 온 말로서 '힘, 지배'를 의미합니다. 뷰로크라시는 글자 그대로 번역하면 서류책장의 지배, 혹은 서류책장을 차지하고 앉아 있는 사람들의 지배이지요.

여기서 서류책장을 차지하고 앉은 사람들이 관료입니다. 학자들은 오랫동안 이런 관료들의 특징을 연구했습니다. 개인이나 집단의 무력에 근거해서 지배하는 군벌이나 귀족집단, 돈의 힘으로 지배하는 상인계급과 다른 이들만의 특징이 관심사였지요. 여러 가지 이야기가 있지만 일반적으로 관료는 일정한 조직질서 내에서 일정한 역할과 책임, 권리를 부여받고 정해진 규칙에 따라 움직이려는 성향이 강하다는 사실을 발견했습니다. 관료에게는 직무규정 혹은 매뉴얼이 성경이자 쿠란입니다. 그들은 규정에 근거해서 판단하고 행동하려 한다는 뜻입니다. 실제로 많은 경우 관료들은 규정과 매뉴얼에 안주하는 경향이 큽니다. 이 둘만 따르면 큰 문제가 없을 것이라고 생각한다는 것입니다. 문제는 두 가지에서 발생합니다.

첫째, 매뉴얼이 없는 경우입니다. 규정이 제대로 마련되어 있지 않으면, 관료들은 종종 우왕좌왕하게 되고, 효율적으로 대처할 수 없게 됩니다.

둘째, 매뉴얼을 무시하는 경우입니다. 특히 독재 정권이나 권위주의 정권일수록 관료들이 매뉴얼을 따르지 않거나, 매뉴얼 자체가 부실하게 작성되어 있습니다.

저도 한국연구재단이라는 공기업에서 일하며 느낀 점이 있습니다. 한 조직이나 사회의 발전 정도를 평가할 수 있는 중요한 지표들이 있는데요. 그 하나가 바로 매뉴얼의 수준입니다. 예를 들어, 외국의 유명 호텔에 가 보면 직원들이 따라야 할 매뉴얼이 매우 두껍습니다. 이는 다양한 상황에서 직원들이 매뉴얼에 따라 일관되게 대처할 수 있게 돕습니다. 반면, 매뉴얼이 없는 조직에서는 문제가 발생했을 때 직원들조차 우왕좌왕하며 혼란에 빠지곤 합니다.

물론, 매뉴얼만 맹목적으로 따르는 것도 문제가 됩니다. 예를 들어, "매뉴얼대로 했으니 제 책임이 아닙니다"라는 태도는 무책임하다고 비판받을 수 있습니다. 하지만 제가 보기에, 대부분 사회 문제는 제대로 된 매뉴얼이 없거나 매뉴얼이 무시되기 때문에 발생합니다.

관료제는 본질적으로 비인격적인 시스템입니다. 예를 들어, 주민센터에 가서 도움을 요청했을 때, 직원이 "매뉴얼에 없어서 도와드리고 싶어도 도와드릴 수가 없네요"라는 대답을 들을 때면, 어떤 마음이 듭니까? 비인격적으로 느껴져 화가 나기도 하지요. '아니, 문제가 있는데 매뉴얼이 없어서 도와주지 못한다고 하다니! 이게 민주주의야?'라는 불평이 나올 수밖에 없는 거지요.

어쨌든, 매뉴얼에 따라 움직이는 것이 바로 뷰로크라시, 즉 관료제입니다. 관료제란 정확히 매뉴얼을 기반으로 작동하며, 어떤 정보가 들어오거나 문제가 생기면 전기회로처럼 딱딱딱 처리 과정을 거쳐 결론에 도달합니다. 이러한 체계에서는 인간의 개입 여지가 거의 없습니다. 매뉴얼대로 움직이기 때문에, 이를 바꾸는 과정조차도 매뉴얼에 따라야지, 윗사람이 "바꿔라"라고 명령한다고 해서 고칠 수 있는 것이 아닙니다. 함부로 바꾸려다가는 잘못하면 책임을 지고 쫓겨날 수도 있죠.

독일의 유명한 사회학자 막스 베버(Max Weber)는 관료제에 대해 걱정하고 또 걱정했습니다. '미래에는 국가가 아니라 관료제가 국가를 다 집어삼키고, 온 사회를 지배하게 되지 않을까? 관료제는 너무나 비인격적이고 매뉴얼에 의해 자동으로 움직이는 어마어마한 힘인데, 이를 어떻게 통제해야 할까?'라고 말입니다.

하지만 막스 베버의 답은 '나도 모르겠다!'였습니다. 무책임하게 들릴 수도 있습니다. 그는 현대사회를 '쇠로 만들어진 철창(Iron Cage)'에 비유하며, 우리가 이 관료제라는 철창에 갇혀 있다고 말했습니다. 그러나 이 철창에서 벗어나는 방법에 대해서는 확실한 답이 없다고 솔직히 말했습니다.

물론, 그는 나름대로 해결책을 찾으려고 노력했으며, 연구를 통해 답을 모색하려 했습니다. 막스 베버 정도 되는 유명한 사회학자가 나 몰라라 물러서서 잠이나 자고

술이나 마시지는 않았겠지요. 그러나 결국 명확한 해법은 제시하지 못한 채 그의 고민은 미완의 과제로 남았습니다.

그렇다면, 이 관료제와 비교했을 때 오늘날의 AI는 어떨까요? 오늘날의 AI는 이 관료제의 수준을 훨씬 뛰어넘습니다.

국가나 관료제에는 적어도 우리의 이야기를 들어주는 사람이 존재합니다. 하지만 AI의 경우는 다릅니다. 성

균관대 한문학과 김용태 교수님께서 쉬는 시간에 제게 말씀하셨던 것처럼, AI 기술 안에서 정확히 어떤 일이 일어나는지 우리가 잘 모른다는 점이 큰 문제입니다. 저도 이 점을 이해하려고 노력 중이지만, 문과 출신이라 그런지 여전히 배우는 과정에 있습니다. 매일 열심히 공부해도 AI의 작동 원리를 완전히 이해하기란 쉽지 않습니다.

우리가 AI를 두려워하는 이유는 단순히 기술 자체 때문이 아닙니다. 문제는 AI가 내리는 결정을 왜 내렸는지 이해할 수 없다는 점에 있습니다. 이러한 점이 AI를 더욱 공포스럽게 만드는 것입니다. 사실, 기술 자체는 두렵지 않습니다. 인간 사회는 AI가 야기할 것으로 보이는 실업 문제나 기타 경제적 문제 같은 도전 과제들을 결국 해결할 것입니다. 우리는 이미 더 큰 문제들을 극복해 왔으니까요.

인간 사회의 창조력(creativity)은 온갖 문제에 집단으로 힘을 모아 극복하고, 변화에 적응하며 시스템을 개선해 왔죠. 그러나 AI가 제기하는 진정한 문제는 우리가 그 근본적인 메커니즘을 아직 제대로 이해하지 못하고 있다는 점입니다.

때문에, 우리는 AI에 대해 굉장한 공포심을 갖는 거지요.

13. 민주주의로 AI의 위험을 통제할 수 있을까?

Quod omnes tangit ab omnibus tractari et approbari debet

에드워드 1세와 의회, 16세기

헨리8세, 1523, 의회

자, 이 문구를 보여드리겠습니다. 라틴어로 "Quod omnes tangit ab omnibus tractari et approbari debet"라고 쓰여 있습니다. 이 문구의 뜻은 간단합니다. "모든 사람에게 관계된 문제는 모든 사람이 함께 숙의(熟議)하고 합의해야 한다"는 것입니다. 이는 로마법에 등장하는 내용으로, 12세기부터 중세 시대에도 널리 퍼진 상식이었습니다. 핵심은 이렇습니다. 국가가 결정하는 일이 모든 사람에게 관련된 문제라면, 반드시 모든 사람의 참여와 토론, 합의를 거쳐야지, 한 사람이 독단적으로 결정하거나 행동해서는 안 된다는 의미죠. 당시 왕이 의회를 소집하면 각 도시는 대표자를 보내 의회에 참석했습니다.

물론, 이 대표들이 항상 평등한 권리를 누린 것은 아니었습니다. 귀족은 상대적으로 훨씬 더 많은 대표를, 도시는 상대적으로 적은 수의 대표를 내보낼 수 있었습니다. 어느 계급, 계층을 대표하는가에 따라 대표들이 갖는 권리도 달랐습니다. 이렇게 불평등은 존재했지만 중요한 것은 대표자들이 모두에게 관계된 일을 논의하기 위해 모였다는 점입니다.

이 그림은 영국 의회를 묘사한 것으로, 왕이 의회를 소집한 장면을 그리고 있습니다. 그림 속에서 왕은 크게 그려져 그의 권위를 강조했지만, 다른 대표자들은 작게 표현되었습니다. 그럼에도, 이 대표자들은 중요한 역할을 맡고 있습니다. 대표자들은 자신의 마음대로 결정을 내릴 수 없었고, 반드시 모두의 이익을 위해 숙의하고 합의해야 했습니다. 이 원칙은 단순히 의회뿐 아니라, 국가 전체의 정책 결정 과정에도 적용되었습니다. 영국이라는 왕국에 관련된 일을 왕 혼자 결정하는 것이 아니라, 모두에게 관련된 문제는 모두가 참여하여 결정해야 한다는 원칙이야말로, 인간이 발전시켜 온 최고의 원칙 중 하나였습니다.

가장 강력하고 위험한 인공적 힘을 다루는 데 있어, 인간이 지금까지 찾아낸 가장 효과적인 계책은 모두가 함께 모여서 숙의하고 결정하는 것입니다. 이렇게 하면 잘못된 방향으로 빗나갈 가능성을 최소화할 수 있기 때문입니다.

관료를 통제하는 것과 관련해서도 인간은 이와 같은 방식으로 문제를 해결하려 했습니다. 관료가 권력을 함부로 휘두르지 않게 하려면 어떻게 해야 할까요? 적어도, 장관은 관료가 아니라 정치인이 맡아야 합니다. 그리고 국민이 선출한 의회가 관료들을 통제해야 하며, 관료들이 따르는 매뉴얼은 반드시 국민의 의사와 법의 테두리 안에서 결정되어야 합니다. 왜 그래야 하지요? 이렇게 하면 법을 벗어난 매뉴얼이 만들어지지 않도록 방지할 수 있으니까요. 이러한 방식은 인간이 지금까지 개발한 최고의 해결책 중 하나로, 함께 논의하고 규칙을 세워 강력한 힘을 그 안에 가두는 체계를 만들어 왔습니다. 하지만 AI도 과연 이런 방식으로 통제할 수 있을까요?

저는 이 부분에 대해 잘 모르겠습니다. 기술적으로 AI를 이런 방식으로 통제할 가능성이 있을지도 모르지만, 현재로서는 이러한 방법이 AI의 엄청난 힘을 다루는 데 효과적으로 작동할 것이라고 확신하는 사람은 많지 않은 것 같습니다.

이 문제로 지금 전 세계 많은 학자와 전문가가 당황하고 있습니다. 인류는 여태까지 국가처럼 거대한 인공적 힘이 등장했을 때 모두가 힘을 합쳐 합의하여 이를 통제한다면 부작용을 최소화하고 유리한 방향으로 활용할 수 있다고 믿어왔습니다.

지금 등장하고 있는 AI와 로봇 기술이라는 새로운 인공적 힘에 대해서도 학자들, 특히 정치학자나 철학자들은 이런 과거의 경험에 근거하여 해결책을 제시합니다. "사회적 합의를 통해 AI 사용에 관한 법과 규제를 마련하자", "이러이러한 기술 개발은 허용하고, 이러이러한 기술 개발은 제한하자" 같은 제안이 그것입니다.

그러나 문제는, 이러한 제안으로 이 문제를 해결할 수 있다고 확신하는 사람이 드물다는 점입니다. 어쩌면 우리는 새롭게 등장한 인공적 힘 앞에 수천 년 동안 개발해 온 낡은 지혜만을 들이대고 있는지도 모릅니다. AI는 근본적으로 아예 다른 '종(種)'인데 말이지요. 이건 학자로서의 제 무능력에 대한 고백이기도 합니다.

여전히 우리는 옛 방식에 갇혀 있습니다. "AI가 마음대로 행동하면 안 되니까, 다 같이 모여 법과 교육을 만들어 통제하면 된다"는 생각에서 벗어나지 못하고 있습니다. 하지만 AI는 기술적 특성뿐만 아니라 상업적 생산과 유통 경로 측면에서도 기존 방식으로 쉽게 통제하기 어려운 면이 있습니다.

결국, 우리가 이 문제를 해결하려면 누구에게 기대야 할까요? 이런 문제가 발생할 때마다 우리는 국가를 바라보곤 합니다. 팬데믹 시기에도 마찬가지였습니다. 의료 자원과 경제적 자원을 신속하게 동원할 수 있는 유일한 존재가 국가였기 때문입니다. AI 문제가 등장하자, 사람들은 다시 국가를 바라보며 "정치인들이 나서서 부작용 없이 이 문제를 해결할 방법을 찾아야 한다"고 기대하고 있습니다.

이는 마치 거대한 괴수가 나타났을 때 로봇 태권브이나 마징가 Z가 등장해 싸워주기를 바라는 것과 비슷한 심리입니다. 그러나 과연 국가의 규제와 정책이 이 문제의 해결책이 될 수 있을까요? 현재로서는 아무도 이에 대해 확신 있게 답할 수 없는 상황입니다.

14. 섣부른 해결책은 도움이 되지 않는다

두려움의 이유 2

- 블랙박스

오늘 제가 드리고 싶은 말씀은 간단합니다. AI는 우리에게 블랙박스와 같다는 거죠. 우리는 AI가 어떻게 작동하는지, 그리고 앞으로 어떤 방향으로 발전할지에 대해 여전히 아는 바가 많지 않습니다.

이런 상황에서 제가 강조하고 싶은 점은 하나입니다. AI라는 문제와 앞으로 AI가 가져올 기술적 변화, 삶의 혁명에 대해 섣부른 판단을 내리지 말아야 한다는 것입니다. 예를 들어, AI를 규제하거나 통제해야 한다는 주장, 또는 반대로 모든 문제를 해결해 줄 것이라는 낙관론에 빠지는 것 모두 경계해야 하는 거지요. 우리가 할 수 있는 최선은, 무엇이 문제인지 정확히 파악하고, 직시하는 일입니다.

하지만 제가 걱정하는 부분은 우리 사회가 이런 문제에 대해 제대로 된 토론의 장을 마련하지 않고 있다는 점입니다. 한번 돌아볼까요?

예전에 블록체인 기술과 관련된 문제가 논란이 된 적이 있었습니다. 비트코인 같은 가상화폐 또한 한동안 사회적으로 뜨거운 이슈가 되었지요. 이는 미래가 없다고 투자하지 않은 사람이 나중에 기회를 놓쳤다거나, 반대로 무작정 투자했다가 손실을 보는 등의 개인적인 차원의 문제가 아닙니다. 새로운 기술이 사회에 어떤 변화를 가져올 것인가, 과연 이 기술에 희망을 걸 것인가 아니면 지금부터라도 제동장치를 찾아야 하는가 하는 문제는 심각하게 고민하고 논의해야 할 사안입니다. 어떤 영향을 미칠지에 대해 우리는 아직 명확하게 알지 못하기 때문에 차분히 판단해야 하는 거지요.

그런데 우리는 어떻게 했습니까? 이 문제에 대해 즉각 정치적으로 둘로 나누어졌지요. 한쪽에서는 블록체인에 대한 통제가 국가의 먹거리를 위협하는 행위라며 비난했고, 다른 한쪽에서는 이를 지금 통제해야 한다고 맞섰습니다. 저는 당시 가상화폐 열풍에 어느 정도는 제동을 걸 필요가 있었다고 생각합니다. 정부의 통제 시도를 비판하는 쪽에서 설득력 있는 논리를 내세우기보다 정부를 깎아세울 재료로 삼으려 했다는 것은 유감스럽습니다. 사실 제대로 논의가 되었더라면 단지 규제할 것이냐 말 것이냐를 넘어 여기에 관련된 기술을 앞으로 우리 사회가 어떻게 다루어 나아갈 것인가에 대한 건설적인 대화의 시작이 될 수도 있었을 것입니다. 그러나 차분한 토론 대신 정쟁이 펼쳐졌고 그때 이후로 우리 사회가 이 문제와 관련해서 인식 면에서나 제도 면에서 진보한 것은 별로 없어 보입니다.

이런 태도를 반복한다면, 아무리 한국 기업들이 AI 기술을 발전시키고 상업적 성공을 거둔다고 해도, 한국 사회가 그로 인해 발생하는 사회적 충격을 얼마만큼 감당할 수 있을까요? 별 준비 없이 미래의 기술이 가져오는 사회 변화에 맞닥뜨리게 될 때 특히 피해를 입고 망가지는 건 돈과 지위가 없는 사람들이라 생각합니다. 사회는 항상 그렇듯, 약자들에게 가장 큰 부담을 안기기 마련입니다.

저는 AI 문제에 대해 전문가도 아니고, 여전히 배우는 입장이라, 어떻게 이를 다뤄야 하는지 구체적인 해결책을 제시하기는 어렵습니다. 그러나 두 가지 점은 분명히 말씀드릴 수 있을 것 같습니다.

첫째, 인간이 인공적이고 거대한 힘에 맞선 것은 이번이 처음이 아니고, 둘째 인간은 오랜 시간에 걸쳐 그러한 힘을 다루는 방법에 대해서 지혜를 개발해 왔다는 점입니다. 우리는 과거에도 원자폭탄과 같은 어마어마한 파괴력을 지닌 기술을 만들었고, 그런 기술들이 불러올 위험을 통제하려는 노력을 멈추지 않았습니다. 이를 위해 정치적 원칙을 세우고, 국제기구를 설립하며, 나름의 지혜를 발휘해 왔지요. 지금 우리가 직면한 AI는 과거와는 다른 새로운 종류의 도전이라는 점입니다. 이러한 새로운 도전에 대해 우리가 얼마나 유연하고 효율적으로 대처할 수 있을지 잘 모릅니다. 그러나 과거와 동일한 방식으로 접근하여 이 문제를 해결할 수 있다고 쉽게 믿어서는 안 된다는 것입니다.

따라서 우리는 '이것이 답이다, 저것이 답이다'라고

선불리 판단하며 갈라서기보다는, 문제를 더 깊이 들여다보고, 전문가들의 의견과 다양한 목소리에 귀를 기울여야 합니다. 사실, "다양한 목소리에 귀를 기울이자"는 어쩌면 가장 무책임한 말일 수도 있습니다. 그러나 특히 이 문제와 관련해서는, 우리가 반드시 견지해야 할 중요한 원칙이라고 생각합니다.

마지막으로, 제가 한 말씀 드리고자 합니다. 인간은 어마어마한 위협에 직면했을 때, 그것을 조금 더 친근하고 인간적인 이미지로 바꾸고 싶어 했는데요. 이러한 심리는 역사적으로 반복되어 왔습니다. 제가 그 증거를 하나 보여 드리겠습니다.

바로 이 그림입니다.

여기 왼쪽에 보이는 영어 단어는 엔트로포모피즘(Anthropomorphism)인데, 간단히 말하면, 모든 것을 인간의 모습으로 그리는 경향을 의미합니다. 이 그림은 힐데가르트 폰 빙엔(Hildegard von Bingen)이 쓴 중세 필사본인 《스키비아스(Scivias)》에 등장하는 그림이에요.

그림을 자세히 보면, 맨 위에 나이 든 사람의 얼굴이

보입니다. 이는 신(God)입니다. 그리고 그 아래에는 젊은 사람, 이 사람은 예수(Christ)에요. 보시다시피, 발에 못 박힌 자국이 있잖아요?

그런데, 예수의 몸이 왜 이런 모양으로 그려졌을까요? 바로 예수의 몸이 우주를 상징하도록 묘사되었다는 것입니다. 우주를 구성하는 다섯 가지 원소! 그림을 보면

물, 불, 흙, 공기, 그리고 에테르(Ether)가 각각의 부분으로 표현되어 있습니다. 이 다섯 가지 원소가 모여 우주를 이루며, 이는 신의 통제 아래 움직이는 세계를 상징합니다. 신은 보이지 않지만 이 세계를 끌고 가는 원리입니다. 신이 우주의 정신이라면, 우주는 신의 몸과도 같다는 것입니다. 인간의 정신이 신체를 움직이는 것처럼, 신이 우주를 움직인다고 여겼던 것이죠.

중세 사람들은 우주를 신의 모습으로 상상했을 뿐 아니라, 그림의 중심에 인간을 배치했습니다. 흔히 중세 사람들이 인간을 세계의 중심으로 보지 않았다고 말하지만, 이는 오해입니다. 이 12세기 그림만 보더라도, 인간이 세계의 중심으로 그려져 있음을 알 수 있습니다. 그림 속 신과 인간, 그리고 우주는 서로 닮은 모습을 하고 있으며, 인간은 우주와 신 사이에서 중요한 위치를 차지하고 있습니다.

인간들은 자신이 이해할 수 없는 압도적인 힘, 예컨대 신과 같은 존재를 상상할 때, 자신의 모습으로 상상합니다. '신도 인간적인 모습을 하고 있을 거야'라는 거지요.

그렇습니다. 앞에서 보았듯 국가도 한편으로는 인간

의 모습으로 상상되곤 했습니다.

그러나 AI를 인간의 모습으로 상상할 수 있을까요? 물론 만화나 영화에서는 인간처럼 움직이는 로봇이나 작은 인형으로 묘사되지만, 실제로 AI는 그런 형태를 가지고 있지 않습니다.

AI를 연구하시는 분들의 말을 빌리자면, AI는 알고리즘(algorithm)에 불과합니다. 즉, 프로그램이라는 것이죠. 이것이 바로 AI가 추가적인 공포를 자아내는 이유 중 하나입니다. AI는 우리가 익숙하게 생각하는 인간의 이미지와 닮지 않았습니다. 강력한 힘을 가진 존재가 인간의 모습으로 상상되던 과거와 달리, AI는 그렇지 않은 거죠.

저는 AI를 좀 더 냉정하게 바라보아야 한다고 생각합니다. 공포의 대상으로 삼고 섣불리 우리가 알고 있는 이제까지의 방식으로 통제하려드는 것도 문제이지만, 반대로 AI를 뭔가 친근한 존재처럼 상상함으로써 '우리는 통제할 수 있어'라고 섣부른 낙관론을 부추기는 것도 문제입니다. 우리가 인정해야 할 중요한 사실은 하나입니다. AI는 우리가 알고 있는, 우리의 공포와 경탄과 호기심을 불러일으켜온 인공생명체와는 또 다른 종류의 인공생명체라는 것입니다. 질병에 따라 약을 달리 하듯이 AI가 가져올 변화와 문세에 대한 우리의 대응은 어쩌면 이제까지 우리가 상식으로 여겨온 것과 완전히 다른 것일지도 모릅니다. 지금은 시작입니다. 앞으로 어디로 갈지는 누구도 정확히 말할 수 없습니다. 다만 믿을 것은 새롭고 다양한 지혜를 모으려는 노력뿐입니다. 만약 AI가 우리를 디스토피아로 이끌어간다면, 그나마 고통을 줄여주는 것은 그런 노력을 통해서일 것입니다. 물론 AI가 우리를 유토피아로 끌고 갈 수 있다고 해도 지혜를 모으려는 우리의 집단적 노력이 없다면 그런 가능성은 실현될 수 없을 것입니다.

경청해 주셔서 감사합니다.

Q&A

사회자

윤비 교수님의 강연, 잘 들었습니다. 오늘 강연은 AI라는 주제를 문과적 관점에서 접근하며, 통제라는 핵심 키워드에 집중해 주셨다는 점에서 매우 인상적이었습니다. 특히, 역사적으로 국가라는 존재를 어떻게 통제할 것인가를 고민하며 발전시켜 온 인류의 지혜를 사례로 들어, AI라는 새로운 도전에 대해서도 우리가 극복할 가능성을 충분히 가지고 있다는 점을 강조해 주신 것이 매우 인상 깊었습니다.

최재붕 교수님께서 이전 강연에서 이과적 관점에서

AI가 얼마나 많은 것을 해낼 수 있는지를 중심으로 다뤘다면, 오늘 윤비 교수님은 AI를 통제하고 다룰 새로운 지혜의 필요성을 설득력 있게 제시해 주셨습니다. AI가 기존의 국가와는 본질적으로 다른 존재라는 점을 분명히 하면서도, 역사적인 경험과 새로운 지혜의 결합으로 AI 시대를 준비할 수 있다는 희망적인 메시지를 전달해 주셨다고 생각합니다.

이제 오늘 강연을 마무리하기 전에, 아쉬움이 남으실까 봐 청중분들 중에서 한두 분 정도 질문을 받아보려고 합니다. 강연에서 다뤄진 다양한 이미지, 역사적 맥락, 전망 등에 대해 좀 더 교수님의 의견을 듣고 싶은 분이 있다면 손을 들어주시면 되겠습니다.

뒤쪽에 계신 분, 질문 있으신가요?

청중 1

앉아서 질문해도 괜찮을까요?

우선 강의 정말 잘 들었습니다. 이번 강연 제목이 '인간 국가 인공생명'인데요. 이 세 가지 주제를 통해 각각의 두려움에 대해 다루셨고, 그 과정이 제목에 잘 반영된 것 같다는 생각이 들었습니다.

그런데 인간과 국가에 대해 설명하실 때, 관료제의 비인격성에 대해 언급하셨지만, 이 두 가지는 결국 인간으로 구성된 존재라는 공통점이 있습니다. 인간과 국가는 욕망과 이해관계를 가진, 우리에게 익숙하고 친근한 형태잖아요. 반면, 인공생명이라고 부르신 인공지능(AI)은 아직까지는 '기술'에 가까운 것처럼 보입니다. AI는 욕망이나 이해관계, 의지를 가진 존재가 아니며, 그래서 더욱 낯설게 느껴지기도 합니다. 물론 AI가 주는 두려움은 이해가 되지만, 인간과 국가처럼 인간 중심으로 구성된 존재와는 확연히 다르다는 점에서 이 세 가지를 동일한 차원에서 다룬 이유가 궁금합니다.

그리고 저희가 두려워해야 할 본질이 무엇인지도 궁금합니다. 두려움의 초점이 AI 자체가 가진 추동력에 있는 것인가요? 아니면 AI를 다루는 뒤편의 권력자들과 그 구조적인 문제에 있는 것인가요? 이 점에 대해 교수님의 의견을 듣고 싶습니다.

윤비 교수님

감사합니다. 사실 제가 마지막 슬라이드를 언급하지 않으려 했는데, 질문과 연결되니 말씀드리겠습니다.

정보생태계의 탄생?

인포그(Inforg)? 인포스피어(Infosphere)?

물활론의 잔재?

제가 강의자료 마지막 슬라이드에서 물활론(Animism)이라는 개념을 잠시 언급했는데요. 이 개념은 장 피아제(Jean Piaget)가 아동 발달을 연구하며 제시한 이론 중 하나입니다. 피아제에 따르면, 2세에서 7세 사이의 아이들은 물활론적 상상력을 발휘한다고 합니다. 아이를 키워보신 분들은 아실텐데요. 쉽게 말해, 아이들이 사물에 생명이 있다고 믿는 상태를 말합니다. 이를테면, 어린아이가 인형과 대화를 나누거나 인형을 살아있는 사람처럼 대하는 모습을 생각하시면 됩니다. 어떤 사물에게 영혼이 있다고 믿는 '물활론적 사고'가 형성된다는 거지요. 제가 피아제의 이론을 100퍼센트 신봉하는 것은 아닙니다만, 이러한 물활론적 사고는 때로 AI에 대한 과장된 기대나 두려움으로 이어질 수 있습니다. AI가 마치 욕망이나 의지를 가진 존재처럼 과대평가되는 현상이 이에 해당한다고 볼 수 있죠. 물론 이는 경계해야 할 부분입니다.

하지만 동시에, AI를 단순히 스패너나 망치 같은 도구로 보는 것도 지나친 단순화일 수 있습니다. 현대 이미지를 연구하는 학자들은 "이미지가 욕망을 가질 수 있는가?"라는 질문을 던지기도 하는데요, 독특한 이야기이지요. 이는 이미지를 단순한 물체로 보지 않고, 콘텍스트(context)에 따라 해석되며 영향을 미치는 존재로 보기 때문입니다. 마찬가지로, AI도 단순한 기술 이상의 의미를 가지게 될 가능성이 있습니다. 특히 AI가 특정한 사회적 맥락에서 사용되고, 그 맥락 속에서 스스로 학습하며 발전한다면, 인간이 통제하기 어려운 방향으로 움직일 수 있어요.

AI의 가장 큰 문제는, 그것이 우리가 만든 국가나 다른 인공적 힘과는 다르다는 점입니다. 과거에는 국가가 마음에 들지 않으면 전복하거나 이민 가는 방식으로 벗어날 수 있었습니다. 그러나 AI는 그러한 단순한 방식으로 통제하거나 회피하기 어렵습니다.

이를 단순히 물활론적 사고로만 치부하는 것도 문제지만, AI를 단순한 기술적 도구로 간주하는 것 또한 현실을 간과한 접근입니다. AI는 그 옛날, 솥뚜껑이며 칼, 활을 만들던 기술의 연장선이 아니라, 그 이상으로 자율적으로 움직이고 학습하는 특성을 지닙니다. 이 점에서, AI는 기존의 기술적 도구와는 본질적으로 다른 거죠.

제가 요즘 연구 하나를 진행 중인데요. 핵폭탄이 처음 만들어졌을 때 사람들이 느꼈던 놀라움과 AI 기술에 대해 느낀 놀라움에 어떤 차이가 있을까 비교해 보고 있습니다. 과거 원자폭탄이 처음 만들어졌을 때, 사람들은 도덕적 공포를 느꼈습니다. '이런 무기로 무수히 많은 사람을 죽일 수 있다는 게 옳은가?'라는 질문을 던졌고, 이를 통제하기 위해 국제기구를 만들고 규칙을 제정하며 대응했습니다. 하지만 당시 원자폭탄은 국가 수준의 자원에서만 만들어질 수 있었기에, 이를 통제하는 접근이 어느 정도 효과적이었습니다.

반면, 오늘날 AI는 다릅니다. 현재 AI 기술을 선도하고 있는 것은 국가가 아니라 기업입니다. AI의 작동 원리뿐만 아니라, 그것이 유통되고 활용되는 상업적 · 산업적 맥락도 과거와 완전히 다릅니다. 그렇기에 과거와 같은 방식으로 '사람들이 모여 합의하고 규칙을 만들어 규제하면 된다'고 단순히 생각해서는 해결되지 않습니다.

현재 AI와 관련된 논의에서 철학자, 윤리학자, 정부 등이 규제를 논의하고 입법을 시도하고 있지만, 실제 현장에서는 별다른 효과를 거두지 못하고 있다는 지적이 있습니다. 이 정도로 말씀드리겠습니다.

사회자

네, 답변 감사합니다. 마지막으로 한 분만 더 질문을 받아보겠습니다. 가운데 계신 분, 질문 부탁드립니다.

청중 2

베를린 고등연구원의 세계적인 연구자 중 한 분을 이렇게 직접 만나 뵙고 강의를 들을 수 있어 정말 영광입니다. 감사합니다.

오늘 강연에서 AI에 대한 두려움에 대해 말씀하셨는데요, 이 두려움의 주체가 누구인지 더 구체적으로 듣고 싶습니다. 강연 중 '우리가 느끼는 두려움'이라고 하셨을 때, 여기서 '우리'란 누구를 지칭하시는 건가요? 예를 들어, 이는 인문학자로서 우리가 느끼는 두려움인지, 아니면 사회과학자나 AI를 개발하고 있는 과학자들까지 포함한 두려움인지 궁금합니다.

또한, AI가 나쁜 의도를 가진 사람들의 손에 들어갔을 때의 위험과 더 나아가 그 손에서 벗어나 독립적으로 작동하게 될 때의 위험에 대해서는 교수님께서 어떻게 생각하시는지, 이에 대한 견해를 듣고 싶습니다.

윤비 교수님

고맙습니다. 첫 번째 질문에 대해 말씀드리겠습니다. 사실

강의 중에 다루려 했던 내용인데, 강의가 방대하다 보니 빠뜨린 부분을 짚어주셔서 감사합니다.

먼저, 정치학자로서의 당황스러움을 이야기해 보겠습니다. 정치학자는 기본적으로 사회 문제와 관련해 의견을 제시하고 해법을 모색해야 한다고 믿는 사람들입니다. 하지만 현대 사회에서 정치학자들의 입지가 좁아진 이유는 간단합니다. 문제의 발생 지점이 정치학이 다뤄온 전통적인 영역을 벗어나 있기 때문입니다. 예를 들어, 경제 문제가 터질 때, 정치학자들은 경제학적 전문성이 부족해 이 문제를 깊이 다루지 못합니다. 저의 경우, 제 용돈 관리도 허술하거든요. 그런데 이러한 경제 문제를 해결해야 하는 건 정치가들입니다. 경제 문제이니, 경제 주체들에게 맡기면 된다? 그건 말이 안 되는 얘기입니다. 이 세상에 이 하나의 공동체 안에서 정치 없이 해결되는 문제는 많지 않습니다.

AI 같은 기술적 문제 역시 기존 정치학의 틀에서 벗어나 있는 영역입니다. 저 개인적으로도 이과와 수학을 피해 문과로 온 사람이라, 기술적 문제 앞에서 느끼는 당황스러움은 매우 큽니다. AI 같은 기술 문제는 정치학자뿐만 아니라 인문사회학 전반에서 익숙하지 않은 영역입니다. 이런 상황에서 정치학자들이 흔히 기대는 도구는 규제입니다. 법적 장치를 통해 문제를 통제하려는 시도죠. 그러나 이는 근본적으로 AI와 같은 복잡한 기술 문제를 해결하기엔 한계가 있습니다.

이 당황스러움은 정치학자들뿐 아니라 일반 시민들도 공통으로 느끼는 감정입니다. 현대사회는 너무나 빠르게 변화하고 있고, 변화의 방향을 예측하기도 어렵지요. 과거에는 직업 주기와 사회적 변화가 일정한 속도로 이뤄졌지만, AI가 가져오는 변화의 속도는 우리가 겪어온 것과 비교할 수 없을 정도로 빠릅니다. 그 변화를 이해하거나 대처할 준비가 되지 않아서 우리는 더 겁이 나는 거죠. 전통적인 정치 문제는 해결 대상을 특정하고 그에 대한 해법을 논의할 수 있었지만, AI는 그러한 단순한 구조로 접근하기 어렵습니다. 투표나 시위로 해결할 수 있는 문제가 아니기 때문에, 시민들은 더욱 큰 무력감을 느끼는 것이죠.

두 번째 질문에 대해 말씀드리겠습니다. 나쁜 사람의 개입과 관련된 사고방식은 정치에서 흔히 나타나는 오래된 패턴입니다. 문제가 발생하면 우리는 본능적으로 책임자를 찾으려 하고, 문제의 원인을 특정 인물이나 그룹의 의도적인 잘못으로 돌리는 경향이 있습니다. 예컨대 회사에서 문제가 터지면 책임자를 찾아서 처벌하려는 문화가 이를 잘 보여줍니다.

하지만 오늘날의 세계는 그러한 단순한 원인과 결과로 설명되지 않습니다. 우리는 복잡한 시스템 속에 살고 있으며, 개인의 행동이 어떤 결과를 초래할지 누구도 정확히 예측할 수 없습니다. 이런 체계 속에서 AI나 첨단 기술로 인한 문제는 더욱 복잡합니다. 이는 특정 나쁜 사람의 의도와 상관없이 심각한 결과를 초래할 수 있다는 점에서 기존 문제와는 차원이 다릅니다. 때문에, 윤리적 접근만으로 문제를 해결하려는 시도 역시 한계를 가질 수밖에 없습니다. 물론, 윤리의식이 없는 사회는 발전할 수 없습니다. 하지만 윤리의식이 높은 기업가와 관료들이 존재해도 여전히 문제가 발생할 수 있다는 점을 간과해서는 안 됩니다. AI 문제는 단순히 윤리의 문제가 아니라, 그 복잡한 메커니즘 자체가 문제의 핵심이라는 거죠. 이렇게 말씀드리고 싶습니다.

사회자

이야기를 듣다 보니 밤새워서라도 더 듣고 싶은 흥미로운 이야기가 가득 있을 것 같습니다만 오늘 순서는 여기에서 마무리하도록 하겠습니다. 오늘 강연과 질의응답까지 열정적으로 진행해 주신 윤비 교수님께 다시 한번 감사의 박수 부탁드립니다.

동아시아미래가치연구소
생명학 CLASS 01

인간 국가 인공생명

1판 1쇄 인쇄 2025년 5월 9일
1판 1쇄 발행 2025년 5월 16일

지은이 윤비
기획 동아시아미래가치연구소
정리 김영죽·박이진
펴낸이 유지범
책임편집 구남희
편집 신철호·현상철
외주디자인 심심거리프레스
마케팅 박정수·김지현

펴낸곳 성균관대학교 출판부
등록 1975년 5월 21일 제1975-9호
주소 03063 서울특별시 종로구 성균관로 25-2
전화 02)760-1253~4
팩스 02)760-7452
홈페이지 http://press.skku.edu/

ISBN 979-11-5550-665-3 94040
979-11-5550-664-6 94040(세트)